UNE SAISON A NICE

CHAMBÉRY ET SAVOIE,

PROPRIÉTÉ.

Charles Douniol

Paris. — Imprimerie de W. REMQUET et Cie, rue Garancière, 5.

UNE

SAISON A NICE

CHAMBÉRY ET SAVOIE

PAR

Mme LA Ctesse DROHOJOWSKA

NÉE SYMON DE LATREICHE

MONTALBAN — NICE ET SES ENVIRONS
LA CROIX DE MARBRE
LE PAPE PIE VII, AOUT 1809, FÉVRIER 1814
LES ALPES MARITIMES — CHAMBÉRY ET LA SAVOIE
LES GRANDS HOMMES DE LA SAVOIE
ALLIANCE DES MAISONS DE FRANCE ET DE SAVOIE
VIE PATRIARCALE — LES BORDS DE L'ARVE
LE MONT BLANC
CHAMOUNI — CHAMBÉRY — AIX — ANNECY

PARIS

CHARLES DOUNIOL, LIBRAIRE-ÉDITEUR

29, RUE DE TOURNON, 29

1860

UNE SAISON A NICE

—⟨∞⟩—

A Madame de V.

Je cède, madame, à vos sollicitations ; je me
hasarde à confier au papier les souvenirs de
mon dernier voyage, et je viens vous parler
de Nice et de ses environs. Je dis de Nice, parce
qu'il me serait difficile, impossible même de
prendre de plus haut mon récit et de vous faire
parcourir avec moi la route qui nous y a con-
duits. La locomotive nous emportait si vite et
le vent d'octobre nous obligeait à clore si bien
toutes les glaces de notre voiture, qu'en vérité
je n'ai guère vu que les silhouettes des arbres
s'enfuyant à notre approche, et de distance en
distance, les salles déjà chauffées des hôtels où

nous arrêtaient, pour quelques heures, le repas du matin ou le repos du soir.

Voilà, et en deux mots, l'historique de notre trajet entre Paris et Nice; tout ce que je pourrais faire serait d'énumérer les principales stations et, à grand renfort de dictionnaires et des relations plus ou moins exactes des voyageurs qui les ont décrits, de vous promener de ville en ville, de monuments en monuments, monotone travail, dont je suis sûre que vous me dispenserez de grand cœur..... Veuillez donc m'accompagner, tout d'emblée, aux portes de Nice, au pont du Var.

I.

Le Pont du Var.

Arrivés à la frontière du Piémont, nous nous sommes arrêtés, saisis d'admiration à l'aspect du tableau qui se présentait à nos regards. La route, pour traverser le cap, se déroulait au milieu d'une féerique campagne, ombragée par des masses de peupliers, de saules, de mûriers dont les cimes touffues semblent ne former qu'une seule surface verdoyante, réunies qu'elles sont par les troncs vigoureux des ceps de

vignes, plantés au pied de chacun d'entre eux.
Quelle différence entre cette route toute parfumée des enivrantes senteurs des narcisses, du
serpolet, des buissons de jasmins, des bouquets
de tubéreuses, et nos chemins de France, courant tout échevelés et tout blancs de poussière
au milieu d'une campagne fertile dont ils rom-
pent la riche harmonie, sans rien ajouter à son
charme et à son pittoresque! Ici, on se croit non
sur une voie publique, mais dans les vastes allées d'un splendide jardin. Et aussi loin que
peut s'étendre la vue, se continue et s'embellit
ce tableau. L'air est doux et facile à respirer, le
ciel n'a pas de nuages, l'atmosphère pas de tem-
pêtes; à l'abri des rayons trop chauds du soleil
du midi, protégé contre ses ardeurs par une
brise sans cesse renouvelée et purifiée aux flancs
fertiles de la montagne , on jouit d'un printemps continuel, dont l'influence douce et précieuse , ainsi que vous le savez, procure à
ces lieux enchanteurs les bienfaits d'une végétation égale et continuelle, en même temps
qu'elle donne aux constitutions faibles et mala-
dives un bien-être, un soulagement, une pro-
longation d'existence même, qui y attirent chaque année, surtout en hiver, un grand concours
d'étrangers.

Devant nous le vieux pont déployait ses trois cent quarante toises de longueur, sur ses cent dix-huit piles de bois; fragiles pilotis, dont l'aspect seul, bien que la rivière fût en ce moment calme et paisible comme un lac, fait trembler et fris-sonner, tant il paraît impossible qu'il soutienne sans crouler les poids sans cesse renouvelés qui le traversent. Jeté sur le Var, en 1795, par ordre du général Anselme, il est entièrement en bois : arches, plancher, voire même son parapet qui est composé tout simplement d'une rampe de chêne, soutenue de distance en distance par un mince pilier de bois. Un nouveau pont a été construit un peu au delà, dans un endroit où le fleuve plus resserré permet une commu-nication plus facile; le pays a gagné à cette construction; le touriste un jour, lorsque l'an-cien pont aura disparu, emporté, arche après arche, par le courant et surtout par les débor-dements qui changent chaque année la rivière en torrent, le touriste, dis-je, en feuilletant quel-que vieil album, le regrettera, et certes il aura raison, car sa position est merveilleusement choisie et son effet du plus riche pittoresque.

A l'extrémité du vieux pont, on se retourne avec un sentiment de plaisir et de patriotique regret. On veut jeter un dernier regard sur les paysages français; la patrie a toujours un charme indicible et nous aimons à la revoir, même lorsqu'il semble que la pensée tout entière devrait être absorbée par les objets qui nous entourent et la réalisation d'espérances que nous avons longtemps caressées.

Sur la rive que l'on vient de quitter, et un peu à droite du pont, sont groupées au pied de la montagne les maisons simples et grises du village de Saint-Laurent, la dernière commune française dans ces parages. Les coteaux qui les dominent sont uniformément plantés de vignes et d'oliviers. Quelques lézardes, formant vallon, ont reçu ici des mûriers, là des citronniers à la végétation difficile, au tronc tourmenté, à la récolte rare et incertaine. Au-dessus des coteaux se déploient les versants sauvages et à demi incultes des montagnes, avec leurs touffes de sapins, leurs pâles bruyères et leurs massifs de buis et de genévriers, disséminés çà et là comme à regret par une nature marâtre et jalouse de ses dons. Et au-dessus encore des roches ardues, dépouillées, masses inertes et sans vie que Dieu ne laisse éternellement debout que comme une indestructible preuve des effets de sa colère et des révolutions terribles qui ont bouleversé le monde.

Certes, pour qui vient d'entrevoir par une
échappée, quelque étroite et rapide qu'elle ait
pu être, les richesses et les splendeurs de la
campagne de Nice, ce coup d'œil rétrospectif
est plein d'une bien triste uniformité ; cependant tel est le penchant de notre nature pour
les émotions soudaines, que ce contraste offre
à tous un charme profond et qu'il n'est pas un
voyageur qui ne laisse échapper une exclamation admiratrice en sondant du regard les
sombres horreurs de ces roches violemment
déchirées, de ces parois usées par le temps et
prêtes, il le paraît du moins, à se briser à cent
endroits pour venir combler la vallée et y détruire les faibles ouvrages créés par les travaux
de l'homme, ou bien encore en élevant son œil
jusqu'aux cimes vagues et brumeuses du roc
Saint-Géniers, perdues dans les nuages à sept
cents mètres au-dessus de la mer. D'ailleurs
cette infécondité des rochers rend plus précieuse
et plus sensible l'admirable végétation des
gorges riantes qui les séparent, et qui sont
d'autant plus fertiles que les hauteurs qui les
protégent leur ont jeté, en s'en dépouillant
elles-mêmes, une plus grande somme de
terre végétale, et que d'autre part elles les
garantissent mieux des variations atmosphé-

riques qui nuiraient à leur développement.

Au pied de ces rochers ont été bâtis dans des situations délicieuses Vence, Saint-Paul, et plus loin, au milieu d'une ravissante oasis, Grasse, la ville aux parfums et au printemps perpétuel. Et tout cela, c'est la France que nous ne savons jamais tant apprécier que lorsque nous l'avons quittée, mais que nous savons regretter partout, même dans les plaines enchantées de l'Orient, même à Nice!...

II.

Le fort Montalban. — Paysage.

J'en étais là... comment vais-je dire? de mes impressions. En vérité, le mot seul m'effraie, je ne l'écris qu'en tremblant, et le prononcer, je ne l'oserai jamais. Comment, en effet, donner un titre aussi pompeux à quelques simples feuillets arrachés pour vous à mes humbles tablettes, et d'autre part, comment tenir toutes les promesses qu'il contient? Les impressions, surtout celles du voyageur, sont si vives, si profondes, mais en même temps si soudaines et si rapides, que les reproduire ensuite à tête reposée et de sang-froid sur le papier est

chose impossible. On croit peindre ses impressions, on n'écrit que ses souvenirs, c'est-à-dire
ce qui est resté dans la tête des émotions du
cœur. Voilà pourquoi, faire revivre pour autrui les incidents divers d'un voyage est une
tâche si difficile, que beaucoup d'écrivains, et
des plus célèbres, y ont échoué. Il faut que l'i-
magination soit si fidèle et en même temps si
bien réglée, qu'à heure fixe et sur commande-
ment, elle puisse réveiller le passé, rassembler
dans un même cadre tous les incidents d'un
tableau, et disant impérativement à l'esprit :
Oublie toute autre chose ! qu'elle fasse soudain
apparaître devant lui une scène dont elle veut
retracer le souvenir dans toute sa plénitude,
avec son impromptu et ses phases diverses d'é-
tonnement et d'admiration.

Ce n'est pas moi, je l'assure, qui prétends
réaliser ce prestige magique ; aussi, ne voulant
pas vous donner prétexte à me reprocher une
déception, je me garde de ce mot *impressions*
que j'avais tout d'abord écrit bien gros en tête
de ces lignes, et je le remplace par celui, plus
modeste, de *Souvenirs*. Maintenant que voici
mon titre expliqué, je continue :

De quel côté nous placerons-nous pour admirer Nice ? Le choix est difficile, prenons donc

au hasard. Arrêtées à mi-côte de la montagne que couronne et domine le fort Montalban, faisons une halte et employons ce moment de répit à considérer le brillant panorama qui se déroule autour de nous.

Bien, bien près, formant le premier plan de ce vaste tableau que termine, à plus de dix lieues d'horizon, l'azur sans limite de la mer, un bois d'oliviers et de caroubiers, jetés sans ordre et sans mesure sur un sol plein de vie et d'activité, emprunte aux contrastes des teintes et des masses diverses, une harmonie que seule offre la nature, et que l'art ne peut reproduire.

Ce bois est le rideau féerique qui protége la plus charmante des vallées. Dès sa lisière commencent les massifs d'orangers, de citronniers, de palmiers même, dont les ombrages, capricieusement disposés, enveloppent et parfument les *bastides*, maisons de campagne isolées les unes des autres par les fleurs et les fruits de leurs jardins, et dont non-seulement les environs de Nice, mais tout le sol de la Provence est parsemé. Ce premier plan est ravissant de grâce et de fraîcheur; au delà, le tableau s'élargit, et ce qu'il perd en agreste simplicité, il le gagne amplement en splendide grandeur.

1.

A gauche est le port de Nice dont les jetées
s'avancent dans la mer, et dans lequel se meut
une population gaie, riante, toujours affairée,
répondant indistinctement à sept à huit langues
ou idiomes différents, et cela avec une telle facilité que vous ne savez trop si vous avez affaire
à un Génois, à un Piémontais, à un Provençal
ou à un Français. Un rocher, sur le sommet
duquel dorment depuis des siècles les ruines
d'un antique castel, coupe en deux ce second
plan ; la droite est occupée par la place Victor,
grande place carrée sur la route de Turin, à
l'entrée de la ville, dont le reste est caché par
le prolongement du rocher du Château.

Au delà, l'œil embrasse toute l'étendue d'un
golfe gracieux terminé par un cap boisé, dont
la ligne demi-circulaire, couverte de maisons
forme, sous le nom de faubourg Sainte-Hélène
ou de la Croix de Marbre, une longue rue qui
sert de prolongement et de suite à la route de
France.

Tout cela, jeté comme de précieuses pierre-
ries au milieu des fines sculptures d'une œuvre
d'art de la renaissance, se détache admirablement sur une campagne aussi belle du fait de
la nature, que riche et mise à profit par les
soins de l'homme. Il semblait que Dieu eût déjà

tout fait pour rendre enchanteur ce petit coin de son vaste univers ; l'homme a jugé qu'il pouvait encore y ajouter, et l'homme a eu raison. Celui qui, dans les champs souillés de l'Éden a fait à l'humanité une loi absolue de la nécessité du travail, n'a voulu nulle part rendre son œuvre si complète, qu'une main industrieuse ne puisse augmenter son degré de perfection.

En employant ici le mot campagne, je ne pourrais vous donner une idée exacte des environs de Nice. La dénomination de jardin serait trop étroite et trop restreinte; dans mon embarras, je vais tâcher de décrire des lieux qu'ensuite vous nommerez comme vous l'entendrez.

Cette plaine, aussi peu étendue que féconde, puisque sa superficie ne dépasse guère deux lieues carrées, est divisée en enclos de différentes grandeurs. Autrefois, un fossé et une haie parfumée séparaient ces propriétés diverses, et tel était le respect attaché aux droits de chacun, qu'oranges et limons mûrissaient en paix, sans qu'aucune main téméraire osât les ravir à qui de droit. Aujourd'hui, des murailles, la plupart hérissées de débris de verre ou de poteries, coupent l'harmonie du paysage et défendent l'accès des arbres; cependant, bien peu

de propriétaires oseraient affirmer qu'ils
cueillent tous les fruits de leurs récoltes. Ce
ne sont pas les barrières qui gardent un
champ, mais la bonne foi et la confiance réci-
proques.

Chaque jardin a son ruisseau; nulle part,
peut-être, l'utilité et les avantages, en même
temps que l'art de l'irrigation, n'ont été mieux
compris qu'ici; tel filet d'eau, si mince et si petit
qu'il soit, recueilli précieusement, grossi çà et là
de quelques gouttes nouvelles, et conduit par
une rigole en pozzalane, vient à une grande
distance former un petit canal, un utile réser-
voir auquel on ne peut, sans le vérifier, croire
une source aussi minime.

Il faut que la nature soit bien riche pour
qu'on puisse lui trouver tant de charmes, lorsqu'au lieu de s'épuiser comme ailleurs pour lui
créer des attraits factices, les habitants de Nice
semblent avoir pris à tâche de tout refuser à
l'agréable pour tout accorder à l'utile. A coup
sûr, une allée créée pour servir uniquement à
la promenade ou un rond-point semé de gazon
soulèverait ici les horreurs d'une émeute; on
crierait à la profanation, on bannirait l'insensé
qui oserait donner un si fatal exemple. Et cependant, malgré ce travail imposé sans relâche

et forcément au sol, tout est riant, gracieux, aimable.

Le mûrier, dépouillé de son feuillage pour en nourrir les vers à soie, élevés en abondance dans les campagnes, se recouvre presque instantanément de nouvelles feuilles. L'oranger et le citronnier ne perdent leurs fruits que pour laisser éclore les corolles parfumées de leurs fleurs ; et chaque arbre est toujours le tuteur et l'appui d'un vigoureux cep de vigne qui enlace ses branches aux branches de ses protecteurs, quitte l'un pour s'enlacer sur l'autre, et former ainsi une voûte verdoyante, à travers laquelle s'infiltre assez de soleil pour nourrir et développer les fleurs, les fruits et les récoltes.

. Ces arbres plantés en allées divisent le sol en carrés réguliers où croissent les fèves, le blé, les pommes de terre, en un mot, toutes les productions du pays. A leur pied, le sentier est si étroit qu'à peine un homme peut y passer.

Abaissons un instant notre regard fatigué d'un tableau aussi vaste ; car si à gauche nous avons laissé l'horizon se perdre dans l'azur méditerranéen, à droite, il est plus restreint, et nous avons encore à détailler les beautés et les contrastes que nous offrent les cimes chaudes et arides des montagnes de la Provence. Il semble qu'on frissonne sous l'impression sèche et glacée du mistral, en voyant à une si faible distance ces teintes grises, ces effets heurtés qui signalent ses ravages. — Le mistral a passé par là, se dit-on; et bien que l'on puisse ajouter : — Bien sûr, il ne viendra pas jusqu'ici; cependant, on le redoute, lui et les traces qu'il laisse sur son passage. C'est que le mistral est terrible et furieux, terrible à entendre, furieux à voir, emportant ce qui lui résiste, desséchant partout le principe de vie. Le mistral, pour le Languedoc et la Provence, c'est le simoun des fils du désert, c'est le fléau, l'ennemi indestructible des campagnes et des récoltes.

A l'extrémité d'un second promontoire, formé toujours sur la gauche, par l'abaissement des montagnes que coupe le Var avant de se jeter dans la mer, on aperçoit Antibes et le sanctuaire bien connu et si souvent béni de Notre-Dame de la Garde. Parmi les ex-voto nombreux suspendus sous ses voûtes saintes et privilégiées, il en est un entre tous qui m'a tellement émue, qu'au risque de trop prolonger mon récit, je veux vous le faire admirer et vénérer avec moi.

C'était dans les eaux du détroit de Magellan;

un vaisseau à la mâture brisée, à la carène déjà ouverte par le flot furieux, allait sombrer. Un matelot, un enfant de Marie, fidèle aux croyances de sa jeunesse et au souvenir des bontés de Notre-Dame•de la Garde, fait monter jusqu'à elle un cri de détresse, un appel suprême; à ce moment, un craquement horrible ébranle les entrailles de l'abîme, le navire est englouti!... Une planche flotte sur les vagues irritées, le matelot la saisit en faisant vœu, si elle lui devient un moyen de salut, de la rapporter en pèlerinage à Notre-Dame de la Garde... Cependant le calme renaît sur l'Océan courroucé, le soleil redore un flot paisible, et sur ce vaste miroir, l'œil du marin ne découvre rien ; tous ses compagnons ont péri, tous... Oh ! assurément c'est bien Notre-Dame de la Garde qui l'a protégé, c'est bien elle, l'étoile de la mer, qui guide de sa main puissante le faible débris auquel il doit son salut; aussi sa foi est-elle si vive qu'il ne lui vient pas même en pensée que cette protection céleste pourra s'arrêter, et qu'il n'est point encore hors de danger. Ainsi s'écoulent deux jours entiers, sans que la confiance du matelot chancelle un instant, et par échange, sans que la force qui le soutient faiblisse non plus. Après ces deux jours, à l'aube du troisième, un brick recueillait le naufragé à son bord... On lui propose un engagement avantageux pour de lointains parages. — Non, non, répondit-il, non, avant toutes choses, la France, Notre-Dame de la Garde!... Mon vœu!

Et arrivé à Marseille, son premier soin était de se dépouiller de sa chaussure, de ceindre son corps de la corde du pénitent, et la tête nue, l'épaule chargée de la planche miraculeuse, de se diriger vers Notre-Dame de la Garde.

Cette planche est encore là, vivant et irréfragable témoignage de la bonté de Marie et de la foi des vrais enfants de la fidèle Provence!...

Mais revenons à notre beau paysage; la perspective ne s'arrête pas au sanctuaire béni, au delà elle se prolonge jusqu'aux îles Sainte-Marguerite et embrasse le cap Roux, les bois de Lestrelle et le promontoire de Saint-Tropez.

III.

Nice. — Histoire et paysage.

Parmi les principales colonies que fonda le génie des Marseillais, on doit, dit un historien estimé, citer Amporias en Espagne, Agde et Nîmes dans le Languedoc, Nice et Antibes en Provence.... Strabon donne à ce sujet des détails curieux, d'après lesquels on voit que le but des Marseillais était surtout d'opposer ces colonies au caractère inquiet et farouche des Saliens et des peuples de la Ligurie. Ces fondations étaient donc plus que le résultat de l'ambition et d'un calcul mercantile de la métropole ; elles avaient encore pour objet une noble, une utile pensée de civilisation.

Nice entre autres fut fondée trois cents ans avant l'ère chrétienne, c'est-à-dire au moment de la plus grande prospérité de Marseille. Mais avant même que la métropole intervînt, la place ravissante qu'elle occupe avait déjà attiré et séduit une colonie de pêcheurs phocéens, qui y avaient établi leurs tentes, toujours prêts à mettre à la voile, toujours sous la protection de leur navire..... On eût dit un coin béni de la fertile Arabie, soudain transporté avec ses habitants et ses mœurs au pied des sauvages montagnes de Provence.

Cependant la fertilité du sol, la commodité du mouillage, la paisible régularité du climat, rendaient chaque jour cette halte plus chère aux marins qui la connaissaient et venaient en foule s'y reposer quelques instants de leur rude labeur.

Bientôt aux tentes portatives succédèrent des cabanes à demeure ; quelques familles vinrent les habiter, et, en retournant à la métropole, les visiteurs nomades ne se lassaient point de vanter avec tout l'enthousiasme méridional l'étrange fertilité du sol et l'air salubre de la plage hospitalière.

Ce fut alors que, frappée des avantages commerciaux qu'elle pourrait tirer de l'établissement d'une colonie sur ce point de la plage, Marseille y envoya ses enfants.

Uue ville fut élevée comme par enchantement et tout le pays entre le Paillon et le Var se couvrit de merveilleuses cultures. Aux habitants des plages brûlées qui avoisinent Marseille, ce beau coin de terre paraissait un Éden qu'ils soignaient avec délices et orgueil. Dès sa fondation, Nice fut donc parmi les colonies phocéennes-marseillaises la plus justement vantée pour son climat et sa fertilité.

Cette prospérité rapide, cette culture si habile et aux produits si abondants, ne tardèrent pas à exciter la jalousie des Liguriens. Sous prétexte que l'étranger s'était approprié sans droit un terrain qui leur appartenait, ils le sommèrent de l'évacuer et se préparèrent à combattre.

Mais le courage et la discipline des fils de Marseille l'emportèrent sur le nombre et l'aveuglement des Liguriens, dont la défaite fut complète.

Rassurés pour le moment, les colons sentirent néanmoins la nécessité de se précautionner pour l'avenir. La métropole consultée décida qu'une ville plus régulière, entourée de murailles, défendue par une solide forteresse, devait remplacer la gracieuse cité d'abord construite; on se mit de suite à l'œuvre et, avec cette ardeur et ce zèle des populations nouvelles, la ville s'éleva promptement et reçut le nom de NIKE (en grec *Victoire*), comme souvenir et consécration du triomphe de ses habitants sur les Liguriens : telle fut l'origine de la ville qui nous occupe. Peu après, une nouvelle colonie fut fondée sur une plage peu éloignée et placée sous sa dépendance, c'était Antibes. Devenues indépendantes l'une de l'autre depuis bien des siècles, les deux cités phocéennes, avec la même origine, le même esprit, les mêmes mœurs, sont aujourd'hui séparées de gouvernement et de métropoles... Singuliers et bizarres caprices que ceux de la politique!

Nice, colonie phocéenne, demeura fidèle à la

métropole et traversa avec elle les péripéties diverses qui marquèrent cette période de l'histoire provençale. D'abord libre et fière, héritière de l'opulence de Tyr et de Carthage ; ensuite et tour à tour au pouvoir des Liguriens et des Décéates, courbée sous l'épée conquérante de Jules César et dominée bien plutôt par le génie de Rome que par sa force, Marseille l'entraîna avec elle et lui fit partager toutes ses vicissitudes.

Prise et pillée au viiie siècle par les Sarrasins, Nice ne se laissa point dompter par le cimeterre et le croissant. Elle les rejeta bientôt de son sein et s'érigea en république.

Mais en 1388, fatiguée des incertitudes de son gouvernement, elle se décida à se choisir un roi, ou, comme on disait naïvement alors, un maître, et elle se donna volontairement à Amé VII, roi de Sardaigne.

Ce souverain se montra digne de son choix ; il l'embellit, la fortifia et lui éleva un magnifique château. En 1691, Catinat le démantela, et en 1706, le maréchal de Brunswick le rasa en entier.

Avec ses hautes et solides murailles s'écroula l'importance politique de Nice qui pendant trois siècles avait figuré en Europe comme

place de premier ordre et boulevard de l'Italie.
Mais eut-elle à regretter sa réputation de force
et de vaillance ?..... Écoutons un de ses fils dévoués en même temps qu'un de ses historiens
fidèles : « A dater de l'entière destruction de
son château, cette ville offre un intérêt nouveau ;
les douceurs d'une longue paix la consolent
de la perte de son antique renommée guerrière,
et, en changeant ainsi ses destinées, lui ouvrent
les sources inépuisables des prospérités publiques. »

Du reste, à côté de cette renommée guerrière
dont parle Durante, Nice avait toujours su conserver et faire respecter le souvenir de son origine grecque. Sa civilisation, son administration municipale, étaient demeurées supérieures
à ce qui l'entourait, à ce point que le titre de
cives Niciæ (citoyens de Nice), ambitionné par
les plus illustres gentilshommes, était, au sein
même de l'organisation essentiellement aristo-
cratique et guerrière du moyen âge, équiva-
lent au meilleur diplôme de noblesse... Mais
abandonnons l'histoire pour nous occuper du
site.

Au-dessus des ruines de l'antique château
d'Amé VII, sur une crête plus élevée, est le fort
Montalban, du pied duquel nous avons contem-

plé Nice pour la première fois. Cette citadelle imposante est destinée à défendre la rade en même temps que la paisible et riante cité.

Un quai remarquable, taillé à vif dans le roc sur lequel s'appuie le château, conduit à la mer et ouvre entre la ville et le port un passage facile aux voitures qui reçoivent les marchandises au débarquement. On appelle ce quai les *Ponchettes.*

IV.

Nice. — Esquisse de mœurs.

La vie à Nice est douce et facile, et si les objets de luxe y sont hors de prix, en revanche et malgré le flot toujours croissant des riches visiteurs, tous les objets de première nécessité y abondent et y sont à des prix fort modérés. La nourriture y est excellente et très-variée ; ainsi, poisson exquis, gibier délicieux, viande de première qualité, se mêlent dans tous les marchés et sur toutes les tables aux plus beaux fruits, aux meilleurs légumes.

La nature y est si généreuse, le climat si enchanteur, la température surtout si égale, que l'homme pénétré de jouissances extérieures y

éprouve moins qu'ailleurs le besoin des plaisirs bruyants ; aussi le monde y a-t-il peu
de fêtes, peu de ces splendeurs qui, sous un
ciel moins pur, semblent s'efforcer de dédom-
mager les gens du monde, pendant les longues
nuits et les jours brumeux de l'hiver, de l'absence du soleil et de la verdure.

Il en résulte parmi les femmes une grande
simplicité, laquelle est loin d'exclure l'élégance.
On est tout au contraire charmé du bon goût,
de l'absence de toute prétention, qui donne à
la société de Nice un caractère particulier et
charmant.

Cette aisance de manière, cette gracieuse simplicité provient naturellement de la position de
fortune des Niçois, position aisée, mais modeste,
presque égale pour tous et qui, par suite, fait
naître entre eux la plus grande cordialité et
bannit ce désir de se surpasser, cette ambition
de briller aux dépens les uns des autres, qui,
dans toutes les classes de la société, est, presque
partout, une des plus funestes plaies de notre
époque.

Ici point, ou du moins très-peu de rivalités,
si ce n'est dans les prévenances et l'accueil à
faire aux étrangers ; accueil que la plupart de
ceux qui en sont l'objet attribuent à ce fait in-

contestable que les étrangers, par leur présence, assurent la vie et la fortune de Nice, mais que, m'appuyant sur l'opinion de gens de cœur et d'esprit, j'aime bien mieux attribuer à son vrai et honorable motif : à un grand fonds de bienveillance naturelle.

L'intérêt personnel, en effet, peut bien faire glisser un sourire dans le regard, faire monter aux lèvres un mot flatteur ; mais il n'y a qu'une âme véritablement bonne et dévouée qui puisse rendre ce sourire permanent, cette parole toujours affectueuse et doucement persuasive. Un sentiment joué abuse un instant, il se démasque bientôt ; le sentiment réel est immuable comme les vertus qui le produisent...

Que ne puis-je avec moi, madame, vous faire parcourir, un dimanche après la messe, la terrasse qui, après s'être réunie aux remparts, conduit au rocher du château ! Vous si passionnée pour les belles scènes de la nature, vous vous arrêteriez à chaque pas, sans pouvoir vous rassasier d'admiration.

Arrivées au milieu de la terrasse, nous descendrions un escalier en marbre blanc à deux rampes, et, après avoir donné un regard à la statue qui en occupe le centre et un souvenir à l'héroïne qu'elle représente, et dont je vous raconterai brièvement l'histoire tout à l'heure, nous irions nous mêler aux groupes variés et toujours franchement joyeux qui encombrent le cours.

Le cours, ai-je dit. C'est en vérité un titre bien pompeux pour la simple allée d'ormes où nous fious trouvons; mais si un nom est juste selon sa valeur relative plutôt qu'en raison de sa valeur absolue, il est ici parfaitement appliqué, puisque Nice, n'ayant rien autre chose dans ce genre à comparer à cette promenade, a dû reporter sur elle une patriotique prédilection.

La scène est des plus animées. Les hommes ont un peu trop d'abandon peut-être dans leur costume; mais on comprend bien vite que c'est inhérent à l'influence toute méridionale du climat. Le ciel si pur et si doux invite à un laisser-aller plein de charmes qu'on ne pardonnerait point ailleurs et qui plaît ici.

Les femmes, ainsi que je vous le disais tout à l'heure, sont mises avec une charmante simplicité; elles ont la vivacité majestueuse des Provençales, la taille élevée et bien prise, le regard profond et souriant, la répartie prompte et spirituelle. Les conversations se croisent et se mêlent, c'est un feu roulant de vives saillies, de fines observations et dix idiomes divers y trou-

vent si aisément place qu'on se demande étonné :
Quelle est donc ici la langue nationale? Il serait
difficile de répondre. Si Nice est italienne par
la décision suprême des gouvernements euro-
péens, par ses mœurs, ses sympathies, ses
usages, elle est française ou plutôt, par suite
du concours des étrangers, elle devient une
ville cosmopolite, qui ne veut être ni italienne
ni française, pour rester provençale. C'est en
effet un des types les mieux conservés de cette
bonne vieille Provence, telle que la dépeignaient
avec une naïve fierté ces troubadours si fidèles
au culte de leur belle et bien chère patrie.

V.

Malafaccia !

Nous allons quitter le cours. Arrivées au bas
de la rampe de marbre, arrêtons-nous sur la
dernière limite de l'ombre protectrice des
vieux ormeaux et accordons toute notre attention à la fière statue qui nous domine.

Et maintenant, madame, veuillez m'adresser
toutes vos questions à son sujet, je vous répon-
drai :

Le 15 juillet 1543, le bourdon sonnait lugubre-

ment le tocsin et se mêlait aux cris de détresse
du peuple appelant sur lui toutes les bénédic-
tions du ciel, toute l'aide de Dieu.

Aussi loin que pouvait s'étendre la vue, des
myriades de voiles blanches couvraient les eaux.
Toutes étaient surmontées de ce terrible dra-
peau jaune, vert et rouge, inséparable de la
renommée de Kaïr-ed-Din et de ses invincibles
compagnons les pirates algériens, les puissants
et terribles rois de la mer.

La galère capitane se balançait aux premiers
rangs, élégante, gracieuse, coquette, comme
si elle n'eût point recélé la mort dans ses flancs
et porté Barberousse sur son fragile parquet.

Et le tocsin sonnait toujours, lent, solennel,
tel qu'un glas funéraire.

Comme la galère capitane touchait déjà au
port, l'excès même du danger arrache les chrétiens à leur accablante torpeur.

— La mort, en combattant, s'est écrié une
voix puissante, la voix d'une héroïne, la mort
plutôt que l'esclavage! La mort pour nos fils
plutôt que le honteux honneur d'augmenter le
corps des janissaires!... La mort pour nos
filles plutôt que l'infamie du sérail!... Dieu et
Nice!... En avant!...

Et à cet appel tous les cœurs se raniment, des

armes brillent à toutes les mains, l'énergie est dans tous les regards.

— Dieu et Nice!... Dieu et Provence!... redisent les groupes avec enthousiasme.

Le ciel entend cet appel. Dieu se manifeste en faveur des siens et Nice a à enregistrer dans ses annales une date héroïque.

Le génie de Barberousse, l'étoile éclatante de sa fortune, comme celle de Charles le Téméraire devant la hachette de Jeanne Fourquet, recule et pâlit devant l'énergie de Catherine Sigurane qui, armée d'un étendard ennemi, arraché par son bras de femme au premier Musulman dont le pied audacieux a osé souiller le sol provençal, sait en faire à propos un trophée d'encouragement et une vaillante arme de guerre.

... Son nom, son souvenir, sont demeurés à Nice en grande vénération; le peuple y est aussi fier de sa libératrice qu'il ne désigne guère que par son surnom caractéristique de *Malafaccia* (vilaine figure) que la France peut l'être de l'héroïne de Vaucouleurs.

... Mais on nous attend; reprenons notre parcours de la terrasse et surtout marchons vite, si nous ne voulons payer d'un violent mal de tête notre audacieuse excursion en plein midi, dans ce lieu entièrement découvert et exposé au soleil.

Pardon, madame, je vous croyais à mon côté; j'oubliais que, tandis que je voulais vous entraîner loin d'un ciel trop ardent, vous recueilliez sans doute et très-précieusement au Luxembourg ou aux Tuileries les pâles et inoffensifs rayons d'un rapide soleil de mars.

Jusqu'à ce jour, la santé de ma sœur, en nous forçant de vivre tout à fait dans notre intérieur, nous a privés du plus grand plaisir des étrangers à Nice, de curieuses excursions aux environs. Aujourd'hui que, grâce au bon air de la ville, cette chère santé s'est fortifiée de manière à rendre plus qu'agréables, à rendre utiles, nécessaires même, ces riantes promenades, je compte, à mesure que nous exécuterons les mille et un projets formés depuis longtemps, en tenir un registre fidèle, afin, madame, de vous procurer le moyen de nous suivre dans nos courses aventureuses à travers monts et vallées, franchissant les sombres précipices et nous glissant dans les grottes profondes, que l'on dit fort nombreuses et très-belles dans les montagnes voisines.

Je vous conduirai parfois même sur les flots calmes et purs de la Méditerranée; veuillez donc

2.

bien, je vous prie, faire rapidement vos préparatifs de voyage, car à bientôt notre première
promenade.

Mais auparavant revenons à un lieu que j'ai
déjà nommé, à la *Croix de marbre,* pour y
faire une longue, très-longue halte. Le double
souvenir qu'il rappelle nous en fait un devoir
et un bonheur.

VI.

Lą Croix de marbre.

Trois grandes routes viennent aboutir à Nice : la route de Turin et celle de Gênes se rejoi-
gnent au nord de la ville, dans laquelle elles
entrent par la place Victor. La première a longé
assez longtemps le Paillon, et par conséquent
suivi la vallée ; la seconde, au contraire, descend, très-près de la ville, des sommets les plus
élevés de ces hautes et belles montagnes de la
côte de Gênes, appelées Alpes Maritimes, et
qui, en 1792, lorsque le comté de Nice fut an-
nexé à la France, donnèrent leur nom au département qu'il forma.

La troisième des grandes routes que nous venons d'indiquer est celle de France ; on la nomme

dans le pays le *Chemin du Var*, parce qu'après avoir longtemps suivi les rives du Var, elle s'en détache à environ trois mille de Nice, qu'elle relie ainsi au fleuve. Dans ce parcours qui forme un faubourg demi-circulaire, ses deux côtés sont embellis des plus ravissantes maisons de campagne. Devant une des plus grandes et des plus belles de ces maisons, s'élève le petit monument qui a donné son nom à cette partie de la ville : une Croix de marbre entourée de quatre colonnes supportant un petit dôme couvert en tuile.

En face, de l'autre côté de la route, un monument plus moderne rappelle un souvenir presque contemporain et bien cher aux fidèles habitants de Nice.... Une courte halte devant ce double témoignage de la piété et de la reconnaissance envers l'église de la cité provençale, ne saurait être, je crois, madame, sans intérêt pour vous.

C'était pendant la lutte acharnée et funeste de François Ier et de Charles-Quint. L'Europe épuisée soupirait après la paix, que la rivalité des deux princes et les exigences de Charles semblaient rendre impossible. Tous les efforts des négociateurs ayant échoué au congrès de Locate, la cour de Rome, émue du malheur des

peuples, résolut d'intervenir. Paul III proposa
de nouvelles conférences et supplia les deux ri-
vaux de vouloir bien s'y trouver en personne.
Le Saint-Père sut si bien faire parler la voix de
la raison et de l'humanité, que, malgré leur
mauvaise volonté évidente, François et Charles
ne purent se refuser à ses instances. Ils choisi-
rent la ville de Nice......

Le Saint-Père s'établit au couvent de Sainte-
Croix et, après bien des démarches infructueu-
ses, après bien des espérances toujours rem-
placées soudain par de nouvelles difficultés,
jugeant qu'un traité de paix définitif était impossible à obtenir, le prudent pontife prit le
parti de proposer une trêve de dix ans, qui fut
enfin acceptée et signée par les deux monarques.

Ce triomphe pacifique remporté par le vicaire
du Dieu d'amour sur la rivalité des princes et
les querelles des peuples, fut pour Nice, qui en
avait été le témoin et le théâtre, l'objet de
grandes réjouissances et d'un patriotique orgueil. La génération qui avait béni et salué
avec enthousiasme la présence du Saint-Père
parmi elle et l'heureux résultat de ses paternels
efforts, voulut en laisser aux générations à venir un monument irrécusable, et la Croix de
marbre fut élevée....

Détruite en 1792, la Croix de marbre fût rétablie sous l'empire, aux frais et par les soins d'une noble et généreuse femme, dont la mémoire est encore vivante et vénérée à Nice, que sa mauvaise santé la forçait d'habiter tous les hivers. Nous avons nommé madame de Villeneuve, née de Ségur. Son souvenir est inséparablement attaché à celui de M. Du Bouchage, préfet des Alpes-Maritimes, ainsi qu'à tout ce qui put, sous l'administration française, faire aimer et bénir aux Niçois le nom et l'autorité de la France !

Beaucoup plus récent que la Croix de marbre et même que son rétablissement, le monument qui fait face nous rappelle un événement contemporain et bien plus touchant encore que l'intervention du saint-siége en faveur de la paix européenne et du bonheur des peuples : le double passage du pape Pie VII, d'abord lorsque, arraché du trône pontifical, il était traîné en exil, à travers les populations consternées et gémissantes, et ensuite, lorsque, prisonnier encore, mais touchant déjà aux premières limites de la liberté, il regagnait Rome.

Il est curieux, — disons plus, il est édifiant et peut-être d'un grave et important enseignement,

— de rappeler dans tous leurs détails les deux réceptions faites alors au Saint-Père par les populations provençales, et en particulier par la ville de Nice.

Quelque abrégé et modifié que soit mon récit, comparé à ceux que j'ai recueillis sur le même sujet de plusieurs vieillards contemporains, je courrais trop grand risque d'être accusée d'exagération ; mieux donc vaut citer un écrivain du temps, écrivain estimé pour sa véracité et son exactitude.

Je reproduis donc presque textuellement Durante.

VII.

Le pape Pie VII. — Premier passage à Nice, août 1809.

.... Le Saint-Père, enlevé violemment de son palais du Quirinal dans la nuit du 5 au 6 juillet 1809, arrivait à Grenoble le 24 du même mois, et y recevait une véritable ovation..... Inquiet de ces hommages qui partout s'étaient renouvelés sur le passage de l'auguste proscrit, le gouvernement donna ordre à ses gardiens

de rebrousser chemin et de le conduire à
Savone, par Valence, Avignon et Nice, en gar-
dant le plus grand secret sur cet itinéraire.

Mais un voyageur venant de Marseille recon-
nut le Saint-Père sur la route, et apporta à
Nice l'heureuse nouvelle de sa prochaine arrivée...

Le 7 août de grand matin, toute la population
était sur pied, animée d'une vive et généreuse
impatience de voir et de vénérer le vicaire de
Jésus-Christ. L'évêque de Nice, la reine d'Etrurie
et l'infant son fils (alors en exil à Nice), n'écoutant que l'élan de leur zèle, partirent sur-le-
champ sans consulter l'autorité, et dépassèrent
même le Var pour se porter à sa rencontre.
Le conseiller de préfecture, faisant les fonctions
de préfet en l'absence du vicomte Du Bouchage,
ne tarda pas à les suivre. Sa conduite en
cette occasion fut d'un tact parfait; il parvint,
en effet, à concilier les devoirs de sa place avec
le respect dû au Saint-Père; il sut ménager les
convenances et mériter l'approbation et l'estime
de tous les gens de bien.

Vers onze heures du matin, l'auguste voyageur arriva au pont du Var; il fallut mettre pied
à terre, parce que le passage se trouvait délabré.
Pie VII n'avait à sa suite que le cardinal prince

Pamphili Doria, son illustre et fidèle compagnon
d'exil, et deux camériers. Le soleil était brûlant,
la chaleur excessive.... Un orfévre de la ville,
Antoine Buerc, n'écoutant que son cœur, s'é-
lance près de lui et lui présente un parasol. Le
Saint-Père remercie avec bonté, et ne l'accepte
qu'à la condition de le partager avec lui. Sur
ces entrefaites, la reine d'Etrurie, son fils et
l'évêque de Nice arrivent sur le pont, et se
précipitent ensemble aux genoux du saint
vieillard qui les bénit avec attendrissement....
Jamais scène ne fut plus émouvante ; jamais
époque ne mérita mieux d'être conservée dans
les annales d'une ville !...

Arrivé sur le territoire du département, le
pape remonta en voiture, et suivit avec rapidité
la route de Nice. Il y fit son entrée au moment
même où toutes les églises de la ville commençaient à sonner l'*Angelus*. Les cloches célébrant
de leurs voix sonores la gloire de Marie, ne
s'arrêtèrent point, elles continuèrent à sonner
en l'honneur du Père de tous les fidèles.

Le concours du peuple était immense, les acclamations unanimes, et quiconque ne connaît
pas l'enthousiasme que peut éveiller dans une
population méridionale un sentiment profond
d'amour et de respect, ne peut se faire une idée

de la marche triomphale de l'humble cortége,
à travers les rues encombrées par la foule...

On avait préparé à la hâte au pieux voyageur
un appartement à l'hôtel de la préfecture, et
les instances des Niçois obtinrent de son escorte
qu'il s'y reposât trois jours. Pendant ces trois
journées, les habitants abandonnèrent toutes
leurs occupations pour s'enivrer de la joie de le
posséder..... Toutes les classes de la société,
employés civils et militaires, bourgeois, arti-
sans, cultivateurs, riches aussi bien que pauvres, chacun n'avait plus qu'une préoccupa-
tion : avoir part à sa bénédiction.

Au bruit de son arrivée, les populations des
villages voisins étaient accourues en masse
grossir la foule des habitants. Leur nombre
était tel que la ville ne put les recevoir tous.
Leur flot pressé inondait toutes les avenues ;
ils se tenaient entassés sur le rivage de la mer,
sous le balcon du palais, le long du rempart,
partout, en un mot, où un pied d'homme pouvait
avoir place. Et pour satisfaire aux acclamations
incessantes qui s'élevaient de son sein, le Saint-
Père se faisait voir à chaque instant, renouve-
lant chaque fois sa bénédiction.

Malgré ces hommages d'autant plus fati-
gants qu'ils succédaient à l'affaiblissement

déjà causé par de vives émotions et une longue
route, Pie VII se montrait toujours souriant,
toujours affable, toujours heureux surtout de
cet empressement filial, qui répondait si bien à
l'amour de père dont son cœur était rempli
pour tous les chrétiens... Une illumination
spontanée exprima chaque soir l'ivresse générale. Aucune maison qui n'eût sa guirlande
de feu ; le pauvre s'était privé d'une partie de
sa nourriture pour éclairer le sombre réduit où
se cachait son indigence.

La veille de son départ, l'enthousiasme des
marins donna lieu à une scène d'amour religieux infiniment pittoresque. A la nuit tom-
bante, la mer, devant l'hôtel de la préfecture,
se couvrit tout à coup d'une longue rangée de
bateaux pêcheurs, élégamment pavoisés et illu-
minés, traçant un vaste demi-cercle le long du
rivage. Une foule immense demandait à grands
cris pour eux la bénédiction pontificale : « Que
« Sa Sainteté daigne paraître, s'écriait-elle, afin
« de nous obtenir du ciel la fin de nos malheurs,
« une mer sans naufrages, une pêche abon-
« dante !... » Ces clameurs redoublées décidèrent
le colonel Boissard à faire ouvrir le balcon...
Pie VII parut devant cette multitude prosternée
qui, à sa vue, fit instantanément succéder un

recueillement respectueux à ses bruyantes acclamations; au milieu de ce silence éloquent,
la main vénérable du Pontife s'éleva vers le
ciel, sa voix pénétrante et émue bénit les marins, les pêcheurs et leurs barques... Puis en
quelques mots touchants, il rappela la barqne
de Pierre battue par la tempête, exprimant le
doux et cher espoir de la voir bientôt ramenée
au port par le bras tout-puissant du divin
Maître.

Ensuite, appuyé au balcon, il prit part pendant
assez longtemps au magique spectacle préparé
en son honneur par les marins de Nice et, sem-
blait-il, par la nature elle-même.

Le ciel était d'une transparence remarquable,
même à Nice, la mer parfaitement calme reflé-
tait à l'infini les feux symétriques allumés sur
les bateaux; mille fusées s'élevaient de leur
pont et se croisaient avec celles tirées sur la rive.
Des décharges de mousqueterie, des cris de
joie ajoutaient à la vivacité de ce tableau, et par-
dessus tout, planait, comme une immense couronne triomphale, je ne sais quel sentiment d'a-
mour et de fidélité qui semblait se communi-
quer même aux objets inanimés.

Le lendemain matin, Pie VII, après avoir cé-
lébré la sainte messe dans ses appartements

comme de coutume, quitta Nice sans que le but
de sa destination fût connu. On n'avait pas été
prévenu non plus de l'heure de son départ,
mais la foule était sur ses gardes ; elle recueillit
encore une bénédiction et se précipita pêle-
mêle à la suite de sa voiture qu'elle suivit tant
que les forces de chacun le purent permettre...

Cette réception faite à un captif ne ressemble-
t-elle pas singulièrement à une ovation triomphale faite à un vainqueur illustre?... ou plutôt
quel grand homme, au jour de sa plus grande
et populaire gloire, n'envierait pas un accueil
semblable!...

VIII.

Le pape Pie VII. — Second passage à Nice, février 1814.

Les désastres se sont succédé pour l'armée
jusqu'alors victorieuse de Napoléon, et l'empereur, ramené sans doute par le malheur à des
sentiments plus modérés pour le saint-siége, a
résolu de rendre la liberté à Pie VII et de le faire
conduire à Rome.

Le voyage du Saint-Père à travers le Limou-

sin, le Languedoc et la Provence a été pour lui
un nouveau triomphe... Le 9 février, au matin,
le bruit de son arrivée se répand à Nice. Cette
nouvelle imprévue circule avec rapidité et fait
naître une ivresse générale. Les préparatifs
sont faits à la hâte, et le peuple tout entier se
précipite sur la route de France.

Lorsque l'auguste voyageur arrive au pont
du Var, une foule immense couvrait les deux
rives du fleuve. Un grand nombre de personnes,
ne pouvant maîtriser leur impatience de contempler en face le Saint-Père, avaient grimpé
sur tous les arbres de la rive qui pliaient sous
des faisceaux de corps humains.

Une suite très-peu nombreuse accompagnait
le saint vieillard ; mais si son cortége était peu
imposant, il était gardé par l'amour de toutes
les populations et environné de leurs hommages et de leurs respects.

Dès que les postillons eurent touché le sol
de Nice, ils partirent au grand galop. C'était un
tableau pittoresque de voir les flots du peuple
se précipiter derrière la voiture, au milieu d'un
nuage de poussière, tandis que d'autres flots
arrivaient en sens inverse, offrant l'image des
vagues de la mer lorsqu'elles s'élancent pour se
briser les unes contre les autres.

La multitude cependant s'était entassée à l'entrée du faubourg Sainte-Hélène; il fallut alors ralentir l'allure des chevaux qui ne parvinrent qu'avec peine à gagner au pas la Croix de Marbre. Là il ne fut plus possible d'avancer...

Alors mille voix s'élèvent du sein de la multitude : « Coupez, coupez les traits; c'est à des « chrétiens, c'est à nous qu'il appartient de « traîner en triomphe le défenseur de la foi, le « martyr de la religion. » Et en dépit de la résistance de l'escorte, en un instant les assistants se sont emparés de la voiture et organisés en procession.

A ce tumulte passager qui a duré moins de temps que nous n'en avons mis à le décrire, succèdent soudain la joie tranquille, le calme et le silence produits par un sentiment profond de respect.

Le cortége religieux, improvisé avec un ordre, un esprit de convenance et de dignité majestueuse, que tous les soins de la police ont grand'-peine souvent à introduire dans les cérémonies réglées d'avance, marche à la lueur d'une innombrable quantité de flambeaux, aux sons d'une musique harmonieuse, au carillon de toutes les cloches, aux acclamations redoublées de « Vive! vive le Saint-Père!... »

Pie VII, attendri de ces hommages que, dans sa douce humilité, il attribue à la religion plus qu'à lui-même, ne cesse de bénir ce peuple qui se prosterne plein d'amour sur son passage. Les mères élèvent leurs enfants dans leurs bras ; ceux que l'âge ou les infirmités empêchent d'approcher, tendent leurs mains vers celui en qui ils saluent le dispensateur des grâces célestes... Le jour jetait à peine un reste de clarté, les étoiles commençaient à allumer leurs feux les plus purs, la brise douce et parfumée offrait au mois de février une belle soirée de printemps.

Les maisons de la ville et du faubourg, toutes illuminées, présentaient sur une immense étendue une masse de feux éblouissants qui se reflétaient au loin sur l'amphithéâtre des collines... Le Saint-Père arriva enfin à la cathédrale où il avait désiré se rendre tout d'abord. Ayant mis pied à terre sous le portique, il se trouva pressé de tous les côtés et fut presque porté au maître autel par la foule pieuse qui suivait ses pas, avide de le voir, de l'approcher... Les habitants de Nice n'oublieront jamais l'imposant tableau qu'offrit le vicaire de J.-C. prosterné dans cette enceinte vénérée, au pied de la croix, consolante image de ses souffrances, recevant avec

toute la ferveur de la foi la bénédiction du saint
sacrement et bénissant le Seigneur de s'être
servi de lui pour manifester le triomphe de la
religion.

Lorsque l'auguste captif, parvenu enfin dans
l'appartement qu'on lui avait préparé, put y
goûter le repos dont sa santé chancelante avait
si grand besoin, la joie publique continua de
se manifester par tout ce que peut inspirer l'é-
lan du cœur....

Décrire les scènes touchantes et animées
qu'offrit Nice pendant les trois jours qu'y passa
le Saint-Père, serait répéter la description de
son précédent séjour. Mêmes fêtes, mêmes
hommages, même affluence de fidèles, même
avidité à recevoir sa bénédiction. Comme
en 1809, toute la population oublia les affaires
publiques et privées, ne songeant qu'à manifester le bonheur que lui donnait la présence
du magnanime pontife.

Le Saint-Père quitta Nice dans la matinée du
13 février; depuis Manton il dut faire le voyage
en chaise à porteur. Les personnes les plus
marquantes des villes et villages, dont l'entière
population accourait sur la route, briguaient
l'honneur de charger sur leurs épaules ce précieux fardeau... partout des chapelles dressées

sur les chemins, des arcs de triomphe, des illu-
minations, des sérénades, des réjouissances de
toutes sortes.... Pourrait-on s'en étonner? tous
ces hommes sont dès fils dévoués qui retrouvent
enfin le tendre père qu'on leur avait enlevé....
Où un cœur catholique placerait-il son amour
et son dévouement, si ce n'est en la personne
sacrée de celui qui est ici-bas la représentation
vivante de la divinité, le père et le pasteur de
tous les fidèles! . . . .
. . . .

La ville de Nice a érigé en 1822 un monument
pour rappeler le souvenir de ce double passage
de Pie VII. Ce monument, que je vous montrais
tout à l'heure, madame, en face de la Croix de
Marbre, s'élève au lieu même où la voiture du
Saint-Père fut dételée et enlevée pour être portée en triomphe par le peuple. Il consiste en
une colonne de marbre blanc, d'ordre étrus-
que, surmontée d'une élégante corniche et
décorée, à sa base, des armes papales. Il repose
sur un massif quadrangulaire proportionné à
la masse, et offrant à ses quatre faces des ins-
criptions commémoratives. Une balustrade en
fer, d'un beau travail, entoure et protége le
carré.

Nice, ajoute Durante, comme dernier détail,

3.

se glorifie d'avoir obtenu, en récompense de
ces témoignages de son pieux dévouement, le
don du portrait de l'immortel Pie VII, qu'elle a
fait placer dans la grande salle de son conseil.
On doit des éloges et des remerciements aux
magistrats consulaires qui ont fait graver sur
une table de marbre placée au-dessus du portrait, la lettre dont le Saint-Père accompagna
l'envoi de ce don précieux; ce durable et glo-
rieux souvenir, cher aux habitants, ne s'effacera
jamais de leurs cœurs, et se perpétuera dans la
postérité la plus reculée.

IX.

Saint-Pons.

Abandonnons les souvenirs historiques, quittons Nice elle-même, et allons admirer les sites
ravissants qui lui forment comme une riche et
agreste ceinture de beautés d'autant plus merveilleuses qu'elles renferment les contrastes
les plus saisissants.

Si la ville, ainsi que je crois, madame, vous
l'avoir dit précédemment, offre peu d'occasions
de plaisirs à ses habitants, la campagne qui l'entoure leur réserve dans une riche et belle na-

ture des jouissances toujours nouvelles. Hâtons-
nous de mettre à profit ces dons précieux que
le Créateur leur a faits si abondants.

Un ciel sans nuages, un air doux et parfumé,
une atmosphère d'une limpidité, d'une transparence merveilleuse, que faut-il de plus, en
effet, à l'explorateur lorsque, pour visiter des
lieux enchantés, il trouve des sentiers com-
modes et ombragés qui le conduisent tous à
des buts plus ou moins curieux, mais toujours
agréables?

C'est une de ces courses charmantes qui
nous appelle aujourd'hui au couvent de Saint-
Pons. Levés avec l'aurore, nous avons bientôt
pris nos dispositions et nous voici gaiement en
route.

En quittant Nice, nous traversons le Paillon,
dont nous suivons la rive gauche, sous un dôme
presque non interrompu de feuillages et de
fleurs. Tout à coup, un frémissement de crainte
et d'admiration nous arrache une exclamation
involontaire. Au-dessus de nous se dresse un
roc de cent mètres de hauteur, droit et lisse
comme une pyramide de marbre. Ce géant de
la nature a reçu à son sommet une petite chapelle qui, ainsi vue d'en bas, semble suspen-
due dans les airs. Le paysage est grandiose et

sublime; tout ici parle de la magnificence de la création et de la puissance de Dieu. L'esprit et le cœur éprouvent le besoin de méditer et de prier.

— Comment se nomme ce lieu? demandons-nous à notre guide.

Le bon paysan fait un signe de croix :

— C'est le martyre de saint Pons, nous dit-il avec un pieux respect; et sur notre demande, il nous raconte comment le saint évêque, martyr de sa foi, fut précipité du haut de ce roc dans le Paillon qui en baigne le pied. Ensuite, il fait quelques pas dans l'onde du torrent, et frappant le roc de son bâton ferré :

— C'est là, sur cette pierre, depuis lors bénie, que tomba notre saint patron, nous dit-il de ce ton respectueux et plein de foi du paysan méridional.

Après quelques instants donnés à notre religieuse et sainte émotion, nous nous sommes engagés dans la rampe large et belle, mais fort rapide, qui conduit à la plate-forme du roc, et après une assez pénible ascension, nous avons pu enfin admirer à notre aise le merveilleux panorama qui se déroulait autour de nous.

Un vaste et magnifique monastère, construit par Charles V, sous l'invocation du saint martyr, et donné par lui à de savants et pieux bénédictins, occupait autrefois la plate-forme où nous nous trouvons. Aujourd'hui, ces immenses bâtiments ne sont plus que des ruines ; mais ils attestent l'architecture élégante et la splendeur passée de la vieille et noble abbaye. Un vieillard agenouillé sous le portique de la petite église priait avec ferveur ; son costume, son attitude, tout en lui rappelait ce type presque disparu de l'antique pèlerin. Un sentiment d'indicible curiosité nous rapprocha de lui. Nous ne nous étions pas trompés : un secret instinct, de vieux et chers souvenirs avaient guidé les pas du vieillard vers le couvent de Saint-Pons. Voici ce qu'il nous raconta :

Au temps heureux de sa première jeunesse, il avait été maintes fois l'hôte des bénédictins. Chaque fois que ses intérêts ou ses plaisirs l'appelaient à Nice, il n'avait garde d'oublier sa visite au couvent, visite toujours accueillie avec la plus touchante hospitalité. — Que de force ne suis-je point venu puiser ici ! que de conseils n'y ai-je point reçus ! et qui dira le courage qu'en des circonstances difficiles je sentis naître dans mon cœur prêt à faiblir ! Cette abbaye, c'était pour moi le port de salut, dans lequel je ne me sentais point la force de jeter l'ancre, mais où

du moins je venais relâcher de temps à autre,
pour y recueillir les provisions nécessaires à
assurer ma pénible traversée. Pour le pays,
c'était plus que cela, c'était le phare bienfaiteur
qui jetait au loin l'éclat de la vertu et de la charité;
c'était une arche protectrice qui faisait violence
au ciel, et lui arrachait pour tous bénédiction
et prospérité! Eh bien, tout a disparu. J'ai vu
fuir les religieux, j'ai vu tomber une à une les
pierres de la brèche, j'ai vu les oiseaux établir
leur nid sous les cloîtres solitaires, et la voix
des vents remplacer les chants sacrés. J'ai entendu les cris des blessés, les imprécations des
malades retentir dans la maison des serviteurs·
de Dieu, sans que la voix de la religion ré-
pondît à leurs plaintes, sans que des paroles
divines leur communiquassent espoir et résignation! Le monastère béni était converti en
hôpital militaire; les vieux murs avaient perdu
leur antique éloquence... La France alors cher-
chait à oublier le Dieu de ses pères!...

Depuis, bien des années se sont écoulées. Le
règne de Dieu est revenu sur la terre de Clovis;
la chapelle de Saint-Pons a été rendue au culte
divin; vous et moi, nous venons de prier à
l'ombre de son sanctuaire. Mais l'abbaye, mais
ses hôtes si saints et si savants, mais les béné-

dictions qu'apportait leur présence sur cette magnifique terre... où sont-ils? qui nous les rendra?

— Qui nous les rendra? s'écria un de nos compagnons avec un de ces élans auquel je m'associai de toute la puissance de mon cœur. Qui nous les rendra? CELUI, soyez-en sûr, *dont le règne est revenu sur la terre de France*, CELUI qui réveille chaque jour autour de nous quelques-unes des précieuses institutions du passé, qui a rendu à cette France les fils de saint François, ceux de saint Dominique, ceux aussi de saint Benoît. Courage et foi en l'avenir, Dieu ne saurait cesser d'aimer et de protéger ceux qui lui sont fidèles.

Le cœur des vieillards, comme celui des enfants, accueille avec joie et confiance toute pensée consolante, tout espoir d'avenir. Le pèlerin de Saint-Pons releva avec un fier et pieux sourire sa belle tête vénérable, et se joignant à nous, nous offrit obligeamment de se faire notre cicerone. Nous acceptâmes son offre avec un empressement plein de gratitude.

— Ici même, nous dit-il, en nous désignant un point de l'étroite place sur laquelle s'ouvre le portail de l'église; ici, s'élevait naguère un ormeau cinq à six fois centenaire, dont l'ombrage jadis abritait les assemblées populaires des habitants de Nice. Ce fut là qu'en 1388, la petite république, fatiguée et embarrassée de sa liberté, résolut d'abdiquer un privilége onéreux, en se choisissant un *roi*. Ce roi, ce fut Amé VII de Sardaigne, et l'histoire est là pour affirmer que Nice n'eut jamais à regretter les chaînes qu'elle s'était ainsi forgées. L'orme, comme le couvent, a disparu. Le même ouragan qui voulait détruire tout souvenir de Dieu, voulait en même temps balayer tout vestige de la royauté; vaine espérance, l'ouragan a passé, et au-dessus des ruines qu'il a faites, sont restés le souvenir, la reconnaissance et le bon sens des peuples.

— Mais, ajouta le vieillard, voici que le soleil va se coucher, hâtons-nous, si nous voulons jouir du plus magnifique point de vue que l'on puisse trouver dans la contrée.

Nous suivîmes notre guide un peu en arrière des murs du couvent, et sur le chemin qui conduit à la chapelle du Martyr. On ne peut rien rêver d'aussi beau que le tableau qui s'offrit alors à notre vue.

L'église, totalement dans l'ombre, repoussait une colline boisée et parsemée de maisons, au sommet de laquelle se détachent avec grâce le séminaire et l'église de Cimiers, entourée de quelques cyprès. La plaine, d'une richesse éblouissante, contraste agréablement avec les sables arides du Paillon, qui s'y creuse tous les ans un nouveau lit, aux dépens des jardins qui l'environnent. Un horizon de mer très-étendu, dont le bleu d'azur est capricieusement coupé par les détails du rocher et de la ville de Nice, termine le paysage en lui imprimant cette grandeur sublime qui s'attache à l'immensité de l'Océan.

Jamais mon œil n'avait rencontré une plus grande réunion de masses aussi heureusement placées. Jamais mon imagination n'avait été aussi complétement absorbée que par la magnificence de cette riche et fière nature. Tout y est si bien en harmonie avec les souvenirs qui s'y rattachent! C'est au sein de telles merveilles que l'homme sent l'amour de son Créateur grandir dans son âme jusqu'à l'héroïsme du martyr, jusqu'à l'abnégation du religieux.

En quittant Nice le matin, nous nous étions promis de revenir par Cimiers, malgré les fatigues d'une route raide et raboteuse; mais il était tard, notre esprit, pénétré des beautés qu'il avait admirées, était incapable d'en apprécier de nouvelles, et le bon vieillard nous assurait, d'ailleurs, que Cimiers valait bien à lui seul une journée entière d'exploration. Il fallut donc se décider à rentrer directement et à remettre à une autre fois l'excursion projetée.

X.

Villefranche.

En vous quittant naguère, je vous donnais, il me semble, notre prochain rendez-vous au séminaire de Cimiers; malgré cette promesse, nos courses nous entraînent aujourd'hui vers un point opposé; mais je n'oublie point pour cela *Cimiers* et ses *Festins*, et ce ne sera pas, je crois, une des esquisses les moins intéressantes de ces souvenirs.

Levés avec l'aube et partis immédiatement pour notre excursion, le soleil levant nous trouva à une lieue est de Nice, au delà de la montagne de Montalban, dont nous venions de franchir le sommet. Animée et vivifiée par les chaudes teintes de l'horizon, la superbe rade de Ville-franche se déroulait à nos regards avec sa puissante et majestueuse beauté. La ville se dressait aux flancs de la montagne, et ses mal-

sons nous paraissaient en quelque sorte super-
posées les unes sur les autres. Jamais je n'ai vu
de site plus pittoresque, jamais je n'ai parcouru
des rues qui ressemblent à celles de Villefranche ; ce ne sont pas à vrai dire des rues, ce sont
des escaliers, et quels escaliers !... Traverser et
visiter la ville fut l'affaire d'un instant. Nous
donnâmes un regard à l'église, dont l'architecture ne nous parut rien offrir de remarquable, et après une prière à CELUI qui l'habite,
nous voulûmes jouir de la vue prise en pleine
mer, et nous nous embarquâmes pour *Passable*, petite anse sur la gauche de Villefranche.

La traversée fut égayée par les propos de
nos marins. Notre pilote prit la parole à son
tour pour répondre à nos questions, et sous le
charme de son accentuation sonore, de sa parole colorée et poétique, nous nous prîmes à admirer cet éloquent provençal, dans lequel, quoi
qu'en veuille bien dire notre orgueilleux français, il trouve, il le lui faut bien avouer, sinon
un maître, du moins un devancier.

Il nous dit comment, sous la volonté de Charles II, roi de Sicile, s'était soudain réveillée la
sauvage solitude où bientôt une ville avait dé-
ployé ses rues étroites, ses maisons à pignons
élevés ; comment, grâce à de nombreux privilé-

ges, elle avait mérité son nom de Villefranche ; comment enfin, chaque génération d'homme et chaque règne de roi avaient apporté à la cité une prospérité nouvelle, une importance plus grande, lui donnant, tantôt et tour à tour, le phare fameux quoique depuis longtemps éteint, dont la lumière protectrice se détachait sur l'azur du ciel comme une vivante étoile, et brillait avec tant d'éclat que l'œil du marin l'apercevait des rivages corses ; le château-fort avec ses batteries et ses canons, toujours prêts à défendre la ville et la rade; le petit port, chef-d'œuvre de l'art et de la difficulté vaincue, où se balancent si gracieusement les navires coquets et élégants ; la *darse*, ou bassin couvert, sous lequel on peut radouber les vaisseaux à l'abri des mauvais temps; puis encore des bagnes abandonnés, mais construits avec grand soin, et des batteries savamment disposées et belliqueusement gardées.

«Oui, continua notre cicerone, Villefranche avec sa rade où peuvent trouver abri soixante vaisseaux de ligne, est une bonne et charmante cité, dont nous sommes fiers à juste titre, nous ses enfants, car elle doit peu à la nature, tandis qu'elle doit tout à l'homme. Le ciel, en effet, lui avait donné un riche climat, une mer magnifique, mais il lui avait refusé la fécondité et la vie. C'était une sauvage solitude! Partout des rochers, partout des sites escarpés et inabordables, et de la terre, de la végétation nulle part! Cependant nos pères transformèrent en Éden ce rivage infécond. Voyez ces citronniers, ces limoniers ; comme leur aspect est plus vigoureux, leurs fruits plus parfumés que ceux que vous avez vus jusqu'à ce jour! Voyez ces palmiers, ce ne sont point des ornements stériles : la datte mûrit à leur sommet comme elle mûrit sous le soleil brûlant du Sahara, et dans ces massifs de verdure vous pourriez planter l'ananas et la canne à sucre; ces produits des fertiles Antilles s'y développeraient avec succès. Eh bien, ce peu de terrain si productif, resserré qu'il est entre ces blocs de roches, c'est la main de l'homme qui l'a porté là; tout ici est dû au travail et à l'intelligence. Aussi Dieu a-t-il béni nos efforts en donnant à notre œuvre une puissance productive que ne possède nulle autre partie de nos contrées.

« *Les étrangers*, ajouta-t-il avec un indicible sourire, les étrangers expliquent cette étonnante fertilité par la température qui est ici, disent-ils, plus abritée et plus chaude de trois ou quatre degrés qu'aux environs; mais nous laissons dire les étrangers, *et nous, bonnes gens de Villefranche*, nous savons bien ce que nous devons en croire; nous savons que le bon Dieu nous aime et nous protége en récompense de la foi et du travail de nos pères. Et cela est si vrai que jamais aucun accident n'arrive chez nous à la récolte. »

Le pays, en effet, est heureux et riche. En outre de la fécondité du sol, on y trouve des coquillages et des poissons très-curieux; la pêche du corail y est souvent d'un grand rapport.

XI.

Saint-Hospice.

Arrivés à Passable, il nous fallut quitter notre pilote, malgré le désir que nous aurions eu de le conserver pour guide jusqu'à Saint-Hospice. Après un parcours d'un quart de lieue environ dans des forêts de figuiers et d'oliviers, nous arrivâmes à un golfe formé par une péninsule à la pointe de laquelle s'élève une ancienne tour appelée *Saint-Hospice*, dont l'aspect pittoresque et les souvenirs historiques produisirent sur nous une profonde impression.

Saint-Hospice, la chrétienne tour dont le

nom si suave et si doux nous révèle tout un
monde de charité et de miséricorde, a porté
autrefois un nom terrible et barbare ; elle a entendu retentir la trompête musulmane, elle a
recueilli la voix du muezzin et les accents du
Coran. Ces vieux murs ont été témoins de bien
des événements, et si l'imagination leur prête sa
voix, que de révélations ne nous feront-ils pas !..

Là, les Sarrasins s'étaient fortifiés ; là, après
leurs excursions armées et sanglantes, ils venaient cacher leur butin et célébrer leur triomphe ; là encore, ils rêvaient la possession de la
France et préparaient, dans le délire de leur
orgueil, leurs plans de conquête.

Après les Sarrasins, s'il faut en croire les indications du nom même de la tour, elle fut
sanctifiée par les bienfaits de la religion. Sans
doute que quelques-uns de ces vaillants cheva-
liers, que la foi et la charité transformaient en
moines pieux, quelques-uns de ces *hospitaliers*,
dont la grande figure et l'héroïque dévouement
jettent un si grand éclat et un charme si noble
sur la période qui suivit les croisades, vinrent
se fixer dans la forteresse mauresque, pour
effacer et expier, par des œuvres de pénitence
et de charité, les blasphèmes dont elle avait été
témoin. Alors le sombre manoir au nom redouté

quitta son appellation primitive pour s'appeler
le Saint-Hospice ; mais ces derniers souvenirs se
sont affaiblis dans les traditions populaires, do-
minés qu'ils sont toujours par la crainte instinc-
tive attachée à la domination abhorrée des premiers maîtres de la tour. En mettant plus en
relief l'effroi attaché au règne du croissant, le
règne de la croix a rendu plus vivace dans la
tradition la mémoire du passage sanglant de
l'islamisme. La tour de Saint-Hospice est restée pour le peuple le souvenir éternisé du terrible Sarrasin.

A Saint-Hospice, notre pilote et notre embarcation nous attendaient. Ils y étaient venus par
mer, tandis que nous nous y rendions par terre.
Je retrouvai avec plaisir notre guide prêt à nous
accompagner pour aller visiter les Madragues,
situées au milieu du golfe de Saint-Hospice.

XII.

Les Madragues.

On appelle madrague un établissement de
filets destiné à la pêche du thon. Cette pêche est
d'une haute importance pour le pays, dont elle
est une des principales sources de richesses.

Imaginez-vous un vaste filet s'étendant à plus de cinq cents toises dans la mer, où il est maintenu de distance en distance par des ancres. Le placement de la première madrague donne lieu à une sorte de solennité nationale et populaire ; cette fête a lieu vers la fin de février, moment qui précède l'arrivée des thons dans les parages de Nice. Ces immenses filets se terminent par trois ou quatre chambres formées par des filets à mailles plus fines ; la dernière de ces chambres est d'un tissu tellement serré qu'à peine un doigt d'enfant y pourrait-il passer. Un garde veille nuit et jour. Lorsque cet homme aperçoit des thons dans une des chambres, aussitôt il en ferme l'entrée et donne le signal. Alors tous les bateaux pêcheurs de la côte avancent à force de rames ; ils se rangent en ordre de bataille autour de la dernière chambre et les pêcheurs, tirant le filet chacun de leur côté et en sens inverse, en ramènent le fond à la surface de l'eau. Ce moment est le plus beau de la pêche. Les thons, sentant diminuer l'espace qui leur reste à parcourir, semblent comprendre d'instinct que la mort approche : ils luttent contre elle avec des efforts incroyables, et il serait difficile de trouver un tableau plus vrai et plus énergique de la force de cet esprit de conserva-

tion que le Créateur a joint à la vie dans tous
les êtres qu'il a formés. Ils s'agitent avec une
telle violence que les bateaux sont inondés des
nuages d'eau qu'ils lancent au loin. Ils se dé-
battent encore aux mains des pêcheurs qui les
saisissent avec adresse au moment où ils vont
retrouver la liberté. Bientôt ils meurent, leur vie
hors de l'eau étant limitée à une minute au
plus.

Une seule *mattance* (nom donné à cette pêche
dans les parages qui nous occupent) produit
quelquefois 100 à 120 thons ; chaque thon pèse
de 30 à 40 kilos ; c'est vous dire, madame, l'importance qu'attachent les pêcheurs à chaque
levée de filets. Par une singulière disposition
de cet instinct qui conduit tous les animaux à
se mettre, en quelque sorte, à la disposition et
au service de l'homme, ce sont d'autres poissons qui se chargent d'amener aux pêcheurs
de thons leurs pauvres victimes. Les dauphins
ont coutume de conduire les thons dans les
madragues dont ils s'échappent ensuite en sau-
tant par-dessus les bords du filet.

Après avoir longuement visité, ou plutôt ad-
miré les sites que nous avions parcourus, il a
fallu quitter et les vieux souvenirs et les madragues pour rentrer à Nice. C'était par une de ces

soirées merveilleusement transparentes, dont
le Midi seul a le privilége; soirées claires et
bleues, à reflets d'or, pendant lesquelles les
flots semblent s'allumer et resplendissent de
mille reflets phosphorescents, tandis qu'une
brise embaumée remplace la chaleur du jour.

Notre retour, en doublant la pointe du phare
de Villefranche, était de cinq kilomètres. Ce
petit voyage sur la Méditerranée, par une
belle nuit, dans une embarcation élégante et
légère, était une fête charmante; le vent souf-
flait doucement dans notre petite voile latine;
les pêcheurs ramaient insoucieusement et non-
chalamment pour aider à la brise plutôt que
pour lutter contre le flot qui nous portait le
plus mollement du monde.

A la demi-clarté de la lune et des scintillantes
étoiles, nous suivions de l'œil l'ombre fuyante
des bords escarpés de la côte avec leurs
silhouettes mobiles et leurs dentelures fantas-
tiques. Nous apercevions Saint-Hospice et nous
pouvions accompagner du regard le tracé de la
route de Gênes qui se déroule à plus de 300 toises au-dessus de la Méditerranée; à l'extrémité
du cap qui termine l'horizon, le ciel se décou-
pait bizarrement derrière un rideau de palmiers.

Ce tableau digne de l'Orient était enchanteur;

il s'enrichissait encore par les suaves émana-
tions que nous apportait la brise, qui arrivait à
nous tout imprégnée des mille parfums produits par cette magnifique terre. Le silence
le plus complet régnait autour de nous. Le
marin méridional apprécie les beautés de la
nature, et sa rude et demi-sauvage intelligence
sait s'assouplir jusqu'aux inspirations les plus
poétiques, lorsqu'il se trouve en présence des
grandeurs de la création.

Tout à coup, par un accord instantané, ils
entonnèrent une barcarole. Ce qu'ils disaient, je
ne saurais vous le redire; les paroles disparais-
saient emportées par une ravissante harmonie.
On sentait bien dans cet air simple et grandiose
une pensée éminemment patriotique et religieuse; mais c'était tout, l'ensemble absorbait
les détails.

C'est ainsi que nous rentrâmes à Nice, enchantés de notre journée et sous l'impression
d'un double sentiment d'enthousiasme et de reconnaissance, sentiment que le souvenir seul
réveille et que je serais trop heureuse, chère
madame, de vous faire partager. Votre bonne
amitié m'assure que vous prenez du moins intérêt à mon récit; mais puis-je espérer semblable
indulgence de la part de tous mes lecteurs?...

XIII.

Château et grotte de Saint-André.

Nous suivons aujourd'hui la route de Turin. Partis de grand matin, nous nous arrêtons souvent dans notre marche pour admirer les pittoresques effets du soleil levant, se montrant sur la crète des montagnes et faisant briller à ses rayons dorés le sable du Paillon, presque entièrement tari. Le paysage est agreste, mais animé par le travail de l'homme, et bien que nul individu ne se montre à nos regards charmés de cette profonde solitude, on sent la présence de l'homme dans ses œuvres et nul n'oserait dire que cette solitude soit déserte.

Après avoir ainsi marché pendant environ trois kilomètres, après avoir traversé à gué le Paillon, nous entrons dans le lit d'un second torrent, et après quelques pas, la scène qui nous entoure change brusquement d'aspect. On dirait un de ces tableaux de panorama qui transportent en une seconde d'un bout du monde à l'autre.

La vallée presque restreinte au lit creusé

4.

violemment par le torrent est singulièrement
sauvage. Quelques oliviers croissent encore
sur ses pentes aux découpures abruptes et bizarres; mais ils sont malingres et tordus comme
si le sol, au lieu de les nourrir, mettait tous ses
efforts à les repousser de son sein. A chaque pas,
ils deviennent plus rares et bientôt ils sont entièrement remplacés par les plus sauvages productions de la flore des Alpes.

Les pins, les sapins et les mélèzes se suspen-
dent à la roche escarpée et semblent prêts à se
précipiter sur nous avec le granit qui leur sert de
base depuis des siècles. Le genévrier, le genêt
et une maigre fougère se groupent çà et là dans
quelque lézarde de la montagne, nous jetant au
passage leurs balsamiques senteurs.

A l'extrémité de ce torrent, transformé aujourd'hui pour nous, en difficile, mais paisible
chemin, et qui au premier orage sur la montagne aura peine à enterrer des ondes furieuses,
un pittoresque et très-joli château est bâti sur
une sorte de falaise qui, avançant brusquement
au-dessus du vallon, semble le barrer complétement. C'est le château de Saint-André.

Bâti sur un roc couvert d'aloès et de cactus,
il couronne un groupe de fabriques et d'usines
qu'on croirait accrochées à sa base. L'effet est

saisissant, et si l'on comprend que le fier baron
du moyen âge ait cherché la roche escarpée
où son manoir, comme un nid d'aigle, pouvait
défier toute attaque ennemie, il est plus difficile de s'expliquer la prise de possession par
l'industrie, d'un lieu dont il paraît tout d'abord
que l'accès doit être impraticable. Mais quel
obstacle ne peuvent vaincre le travail et la volonté de l'homme! Des eaux abondantes et in-
tarissables offraient ici à l'industrie un moteur
puissant et naturel, d'autant plus précieux
qu'en Provence les cours d'eau ne sont guère
que des torrents dévastateurs, indomptables en
certaines saisons et presque à sec le reste du
temps. L'industrie n'a eu garde de laisser échapper l'occasion; elle a appelé à son aide la
science, elle a semé l'or et elle a dompté la nature. Par bonheur pour le touriste, la merveilleuse transformation a pu, ou plutôt a dû s'opé-
rer sans porter aucune atteinte visible à la
sauvage grandeur de la vallée.

Des montagnes abruptes entourent et dominent le château, et de leurs flancs rocheux jail-
lissent de tous côtés de clairs et brillants filets
d'eau. Ici cette eau s'élance en cascade et va re-
bondir de gradins en gradins jusqu'à ce qu'elle
arrive à un canal naturel qui la reçoit et la

réunit à celle de mille sources ses compagnes;
là elle suinte de la roche nue et semble glisser
sur un miroir qu'elle polit depuis des siècles; à
côté encore elle sautille légèrement sur un lit de
lichens suspendu pour elle au flanc de la montagne, partout, elle scintille, elle murmure; elle
anime, elle fait vivre la nature; elle charme
l'œil et l'imagination. Oh! que la Providence est
généreuse et magnifique d'avoir fait si beaux
au regard, si éloquents au cœur, ces dons merveilleux en lesquels elle plaçait un intarissable
élément de richesse! Ce sont en effet ces eaux si
gracieuses qui, réunies dans le canal dont nous
parlions tout à l'heure, alimentent les usines de
Saint-André. Ce canal passe à gauche, sur un
aqueduc que lui a donné pour support et appui
la main de l'homme. Cet aqueduc d'une seule
arche est surmonté d'un viaduc de même forme
qui établit une communication sûre et facile
entre les habitants des deux rives. A travers
ces deux arches d'où l'eau, impatiente de se
sentir captive, laisse presque constamment
échapper des nappes bouillantes d'écume, on
suit de l'œil le sombre lit du torrent et on
aperçoit à son extrémité la plus éloignée un
second aqueduc.

Mais ici, nous quittons l'étroite vallée et par

un petit sentier taillé dans le roc, nous nous dirigeons vers le château.

On dit, — je ne sais trop jusqu'à quel point ce jugement est fondé, — on dit que la vieille et proverbiale hospitalité, si fort en honneur parmi nos ancêtres, n'est plus parmi nous qu'un souvenir. Certes, à lui seul, l'accueil que le châtelain de Saint-André réserve aux hôtes que lui amène la curiosité est un éloquent démenti donné journellement à cette assertion. On ne ne saurait être plus bienveillant, plus attentif, plus obligeant....

Après une halte que son urbanité, pleine d'esprit et de politesse nous a rendue charmante, il nous a facilité de tout son pouvoir la dernière et la plus difficile partie de notre excursion. Nous l'avons quitté non-seulement munis de toutes les indications, de tous les détails qui pouvaient ajouter quelque charme à notre promenade ; mais encore accompagnés par ses soins, de deux robustes paysans portant sur leur épaule deux ou trois planches de sapin de trois à quatre mètres de longueur.

Après être redescendus dans le sentier étroit que nous avions pris en quittant le torrent, nous avons tourné le château et nous sommes arrivés à la base de la montagne du côté opposé.

Quel saisissant tableau! nous sommes revenus dans le vallon que nous avions laissé au pied du château; mais quelle différence! ce qui nous semblait alors sauvage comparé à ce qui se montre à nous, était fertile et riant. Autour de nous des roches nues où ne croissent que par hasard quelques pins; à nos pieds un précipice que l'œil ne peut sonder et où l'on entend mugir le torrent, des nappes d'eau se précipitant au-dessus de nos têtes et qui s'apprêtent, dirait-on, à nous entraîner, et à quelques centaines de mètres, l'aqueduc que je vous ai déjà montré dans le lointain, fermant entièrement la vallée : voilà les traits les plus saillants de ce magnifique, mais effrayant tableau. Cependant un chêne vert couronne l'aqueduc et balance son feuillage sur l'onde écumante. L'œil, complétement privé de verdure depuis quelques minutes qui lui ont semblé des heures, s'arrête avec délice sur ce frais panache, qu'involontairement l'imagination compare à ce vert rameau d'olivier que la colombe de l'arche cueillit aux plaines d'Arménie comme gage de sécurité.

A mesure que l'on approche de l'aqueduc, les montagnes se resserrent tellement qu'on peut affirmer que jamais un rayon de soleil n'a pu y pénétrer. Ce n'est plus une vallée; à peine peut-on appeler une gorge étroite cette profonde fissure ouverte dans le granit par quelque grande convulsion terrestre. Le sentier est si étroit que deux hommes ne pourraient y passer de front, en plusieurs endroits il domine de trente mètres au moins le précipice, et comme nulle part il n'a de parapet, c'est alors à donner le vertige. Néanmoins nous avançons bravement et après cinq à six cents pas de cette marche difficile et quelque peu émouvante, nous touchons au but. Derrière l'aqueduc au chêne vert, la vallée va se perdre dans le flanc même de la montagne, où elle forme une grotte magnifique.

Mais le torrent nous sépare de son entrée et sans la précaution du châtelain de Saint-André, notre voyage serait en pure perte. Les planches de sapin, jetées en travers du précipice, forment un pont volant sur lequel nous nous avançons un peu tremblants à la suite de nos braves paysans qui rient de notre crainte et malicieusement s'efforcent de faire plier le plus possible la planche flexible sous leurs pas.

Le passage improvisé est enfin franchi sans encombre — nous avons soin de nous compter pour bien nous assurer que personne ne manque à l'appel — certes nous nous trouvons grandement dédommagés de nos fatigues et des périls imaginaires ou réels que plusieurs d'entre nous affirment avoir courus.

Figurez-vous, madame, une belle pièce voûtée, ayant de douze à quatorze mètres de largeur sur dix de hauteur et vingt de profondeur. De magnifiques stalactiques couvertes en partie de lichens et de capillaires la tapissent entièrement; c'est du fond de cette grotte, vraiment féerique et que l'imagination d'un poëte aurait bien peu de peine à transformer en la retraite chérie de la nayade de ces contrées, ou du génie bienfaisant qui préside aux ondes de la montagne, c'est du fond de cette grotte, dis-je, que la source qui alimente sans cesse le torrent, après s'être précipitée verticalement, s'élance en cascade dans la vallée que j'ai essayé de vous décrire, et par laquelle, en dépit du danger, il nous faut revenir au château, ce sentier étant le seul passage praticable à un autre pied qu'à celui du chamois agile.

Je dois à la vérité de dire que nous ne nous hasardâmes à tenter le retour que reconfortés par un goûter, mangé gaiement et de bon appétit; nous fîmes honneur au panier que nos guides avaient apporté, et ce ne fut qu'après qu'ils en eurent retiré jusqu'aux derniers débris, que nous nous aventurâmes derechef sur ce pont flexible.

Notre journée doit, madame, vous paraître
bien remplie, et en réalité elle avait eu autant
d'émotions et de fatigues qu'il semble qu'un
homme tant soit peu raisonnable en doive
désirer ; cependant, telle est la curiosité insa-
tiable du voyageur que, laissant nos compagnons moins forts ou moins hardis poursuivre
leur route vers le château, trois ou quatre d'entre nous s'engagent, sur les pas d'un des
paysans, dans une petite gorge qui, un peu
après avoir dépassé l'aqueduc au chêne vert,
vient bifurquer à droite le chemin de Saint-André.

Cette gorge nous conduit à la grotte de Fa-
licon. Cette grotte est assurément ce que l'on
peut imaginer de plus curieux en ce genre, tant
par la dimension de ses stalactiques que par les
admirables effets qu'y produisent, en y entrant
librement, les rayons du soleil. On ne parvient
au fond qu'en descendant deux échelles de
cinq à six mètres chacune, suspendues l'une
au-dessus de l'autre, aux parois perpendiculaires du rocher. Au milieu de l'entrée, une sta-
lactique énorme forme une colonne conique
s'élevant jusqu'au niveau de la voûte, c'est-à-
dire à une douzaine de mètres de hauteur. Une
foule de petites excavations de diverses grandeurs, toutes tapissées de stalactiques, l'entou-

rent, et leurs ouvertures bizarrement travaillées de facettes et de pointes scintillantes, décorent comme d'autant de niches mystérieuses les parois de la grande grotte. Je dis mystérieuses, attendu que la plupart d'entre elles sont assez profondes pour qu'il soit nécessaire d'en approcher une lumière pour en voir le fond (1).

Nous prenons le chemin du retour par des sentiers qui évitent le château Saint-André et qui, en abrégeant la route, nous en fait surtout éviter les fatigues. Mais si les dangers sont finis pour nous aujourd'hui, il n'en est pas de même des émotions. Elles ont changé de nature, mais non de force et de puissance.

Voici revenue la zone des orangers et des oliviers ; les tulipes, les narcisses, le thym, les giroflées, les géranium croissent partout sous nos pas, et leur doux parfum nous rend plus pénétrant encore le souvenir de l'âcre senteur répandue dans les solitudes que nous quittons à peine.

A mesure que les points de vue les plus ravis-

(1) Les environs de Nice sont très-riches en curiosités de ce genre. On cite entre autres les grottes de Châteauneuf, d'un abord très-difficile, mais dignes d'être comparées à celles d'Arcis en Bourgogne, si fidèlement explorées et décrites au dernier siècle par Buffon.

sants, les tableaux les plus harmonieux se succèdent autour de nous, nous sommes entraînés à
les comparer avec la rude nature qui en est si
voisine et si différente cependant... Que de
merveilleuses beautés réunies en un si petit
espace!... quel contraste!... O Dieu, créateur
de toutes choses, que tes œuvres sont belles!
quelles sont grandes et admirables surtout
dans leur variété!...

XIV.

Le séminaire et les festins de Cimiers.

Un des caractères de la religion catholique
le plus touchant pour le cœur et l'imagination
est, à mon avis, — et au vôtre aussi, madame,
j'en suis sûre, — le gracieux rapport que partout elle se plaît à établir entre ses fêtes, ses
édifices, son culte, en un mot, et les dons de la
nature.

Les fleurs des champs ornent nos autels vil-
lageois, pendant que les plus riches produits de
nos parterres sont prodigués à ceux de nos
villes. — Le mois de Marie est le mois des

fleurs. — Les sanctuaires les plus vénérés de la
reine du ciel s'abritent sous des ombrages ravissants, — nos solitaires, nos ermites, nos saints
religieux élevèrent leur cellule isolée ou leurs
vastes cloîtres à l'ombre protectrice de silen-
cieuses forêts. — Enfin le Seigneur lui-même
se plaît à quitter ses tabernacles pour aller, aux
jours bénis des Rogations, porter à nos champs
en fleur la fécondité avec sa bénédiction.

Cet attrait du catholicisme pour la nature
est une preuve palpable de sa divine origine.
Venu de Dieu, il nous conduit à Dieu par l'admiration de ses œuvres de prédilection; conso-
lation et force des humbles et des pauvres, il se
plaît au milieu de ce que les pauvres aiment et
possèdent, et, si son culte manifeste avec éclat
sa grandeur dans les riches basiliques, il pénètre plus profondément encore peut-être nos
âmes, au milieu d'un beau paysage, tel, par
exemple, que celui de Cimiers.

Pour y arriver, en venant de Nice, on suit
un chemin bordé d'oliviers et embelli de chaque côté par d'élégantes bastides. Après trois
quarts d'heure de marche, on se trouve au milieu des ruines imposantes d'un ancien cirque.
Il paraît certain que ces vastes arènes, seul vestige resté dans le pays de la grandeur romaine,

occupaient le centre d'une ville considérable nommée Céménélion, capitale des Venianti. — Ravagée d'abord par les Lombards au VIIe siècle, elle fut plus tard si entièrement détruite par les Sarrasins que son nom, sur lequel même la science n'est pas complétement d'accord, ne vit plus que dans la mémoire des archéologues.

Quoiqu'il en soit, du reste, de la renommée de sa devancière, Cimiers n'a rien à lui envier. Jamais champs ne purent être plus fertiles que ceux qui l'entourent, jamais hommes ne vécurent plus heureux, plus paisibles que ses habitants ne le sont, à l'ombre du clocher protecteur qui s'élève à côté des ruines, au-dessus du séminaire.

C'est une heureuse pensée que celle qui a placé un séminaire à Cimiers. Nulle part les lévites du Dieu d'amour ne peuvent mieux s'inspirer que sous ce ciel si pur, en vue de cette mer si vaste, au milieu de ce paysage enchanteur.... L'esprit de cette jeunesse studieuse doit aisément s'y reposer, dans une douce et pieuse admiration, des fatigues du travail, et tous les cœurs doivent s'y ouvrir aux douces, aux saintes aspirations de la reconnaissance et de l'amour divin.

Cette tendre charité rayonne, ce semble, bien
loin autour du saint édifice, et c'est elle qui en
fait le plus aimé de tous les lieux choisis et con-
sacrés par la dévotion des habitants de Nice.

Un mot d'abord sur les pèlerinages nommés
ici *festins.* Comme, grâce à Dieu, sur tous
les points de la chrétienne Provence, à Nice la
foi est ardente, expansive, et toutes les classes
de la société se plaisent à en donner des mar-
ques publiques.

Le séjour sous son beau ciel de nombreux
étrangers, la plupart peu soucieux de religion,
beaucoup même hostiles au catholicisme, —
on sait que les États protestants et schismati-
ques fournissent la majeure partie des hôtes
que chaque hiver ramène à Nice, — n'a pas al-
téré ses croyances; convaincus que la salubrité
de leur climat est un don de Dieu, les Niçois ne
se lassent point de le remercier et de le bénir
de cette source inépuisable de bien-être, le seul
élément de gain pour eux, et, en dépit des rail-
leries et du dédain d'un trop grand nombre de
visiteurs, ils restent et se montrent hardiment
bons catholiques. Nous n'insisterons pas sur la
simplicité, la régularité de vie, qui en résul-
tent. Nous avons déjà dit combien, chose
singulièrement rare dans les villes que la **mode**

prend sous sa protection, les mœurs y étaient douces, paisibles et sans faste; notre observation d'ailleurs se rapportant ici uniquement aux festins de Cimiers, doit nous y ramener sans plus de digressions.

La pensée religieuse se retrouve donc ici en toutes choses, même dans les promenades pittoresques qui, chaque dimanche, attirent les habitants de la ville dans ses environs.

En carême surtout, ces excursions prennent le caractère de véritables pèlerinages. Le point de réunion déterminé invariablement depuis des siècles, pour chaque dimanche de la sainte quarantaine, est toujours une église vénérée, où la foule recueillie va écouter la parole de Dieu et recevoir sa bénédiction. Le concours des fidèles étant très-grand, des marchands y abondent avec des vivres de toute sorte, et après la bénédiction, chaque société, chaque famille y fait sur l'herbe un repas champêtre, ou tout au moins une frugale collation.

A Cimiers, l'attrait qui appelle les âmes fidèles à la sainte assemblée est plus puissant que partout ailleurs, du moins, si l'on en juge par le nombre des pèlerins qui n'est nulle part aussi grand.

Le festin a lieu sur un vaste emplacement dépendant du séminaire et c'est un tableau de mœurs, — de mœurs chétiennes entendons-nous, — bien éloquent et admirable que celui présenté par cette foule, où tous les rangs sont un instant confondus, et qui, après avoir, sous les portiques du Dieu des pauvres et des riches, mêlé leurs prières et leurs vœux, partagent les mêmes délassements, les mêmes plaisirs.

Les plus beaux arbres possibles abritent la foule joyeuse, mais non bruyante ; le plus beau point de vue se déroule à ses regards ; la vie a déposé pour elle toutes ses préoccupations, et un coin soulevé du voile qui nous cache les éternelles béatitudes lui procure un instant, comme un avant-goût de joies inconnues aux jours de la terre.... heureux, trois fois heureux le peuple chrétien qui sait ainsi faire intervenir la religion jusque dans ses plaisirs !

Avant de quitter Cimiers, un mot encore ; un hommage de respect et de gratitude au marquis Fereri, qui a réuni, avec l'amour d'un artiste et les soins éclairés d'un véritable amateur, dans sa magnifique habitation attenante au sé-minaire, la belle collection d'antiquités et d'ins-criptions recueillie par M. Millin dans tout le midi de la France.

XV.

Le vallon obscur.

C'est encore une de ces curiosités naturelles, semées avec tant de profusion aux environs de Nice, qui doit aujourd'hui, madame, solliciter votre attention et réclamer, en sa faveur, un peu de votre enthousiasme d'artiste.

Nous étions allés à la fontaine de Mouraye, charmante promenade qui a pour objet de montrer au touriste Nice sous un de ses plus jolis aspects. La ville, en effet, vue de la fontaine, se dessine admirablement, à une lieue environ, sur le bord de la mer, dont la ligne d'horizon lui sert de cadre.

Au retour, notre guide, avec cette juste appréciation de la valeur des contrastes qui étonne chez le paysan du Midi, sans nous prévenir, nous fit brusquement tourner sur la droite, dans un petit sentier que nous prîmes tout d'abord pour un simple chemin de traverse. Mais une centaine de pas suffirent à nous détromper et bientôt, sans que notre guide eût besoin de nous le nommer, nous comprîmes

5.

que nous nous dirigions vers *le vallon obscur*,
site très-populaire à Nice. Dieu sait en effet les
merveilleuses légendes qui circulent sur cette
sombre vallée, histoires de fées, de farfadets et
de terribles génies. Certes, nul endroit ne prête
mieux à ces vieux récits, et l'âme la moins cré-
dule, la moins superstitieuse se sent instinctive-
ment disposée à y évoquer l'intervention d'une
puissance surnaturelle.

Pour peu que ma plume parvienne à se transformer en un pinceau assez habile pour faire
ressortir les traits principaux du tableau, vous
comprendrez et partagerez, j'en suis certaine,
madame, cette impression.

Une source, arrêtée de l'autre côté de la montagne et grossie à chaque saison par les pluies,
sans pouvoir trouver d'autre issue que la lente
infiltration de l'eau à travers les terres argi-
leuses, massées dans les étroits interstices des
vieilles roches, est parvenue, à la suite de bien
des siècles sans doute, à ruiner et à détruire
petit à petit les barrières qui lui faisaient obstacle. Les terres ont disparu, la pierre elle-
même, le dur granit a été miné et poli par le
frottement de l'eau qui s'est ainsi formé pour
lit une espèce de ruelle large d'un peu plus
d'un mètre, longue de cinq à six cents mètres,

et dont les parois perpendiculaires ont de trente
à quarante mètres de hauteur.

Dans son singulier et patient labeur, l'eau
a toujours tendu à augmenter la largeur de
son lit. Il en résulte que la cime de ces parois,
au lieu de s'écarter comme dans les gorges or-
dinaires, se rapproche au contraire de telle fa-
çon qu'elles semblent se rejoindre au-dessus de
la tête de l'explorateur, et permettent à peine à
un mince rayon de jour d'arriver jusqu'à lui.
De là, son nom très-exact, je vous assure, de
vallon obscur.

La végétation, du reste, semble s'y passer à
merveille de soleil. La roche à pic est toute
tapissée de vertes guirlandes de capillaires,
de lichens et de mauves qui, sans cesse rafraî-
chies par les mille infiltrations qui tombent de
toute part, puisent dans cet arrosement continuel un éclat qui réjouit l'œil.

Au bout de ce curieux défilé, le vallon s'agran-
dit tout à coup, et par sa position, par le silence qui y règne, et le charme de sa végétation,
semble destiné à recevoir la cellule de quelque
poëte, las du monde et désireux de solitude.

XVI.

Les îles Sainte-Marguerite.

Les îles de Lerins si célèbres, par leur prison d'État et surtout par la captivité du Masque de fer, sont trop connues pour que vous vous attendiez à trouver ici leur histoire, leurs légendes ou même leur description.

Je n'en parle donc que pour mémoire et afin que mon panorama des environs de Nice soit aussi complet que possible.

A dix lieues de Nice, mais à un quart d'heure seulement du continent, le fort de Sainte-Marguerite, qui donne son nom à la plus grande des deux îles, n'offre à la vue rien de particulier, et cependant avec quel intérêt le touriste la contemple!.... C'est que derrière les murs de ces vastes bâtiments à grande toiture, sont venus aboutir et s'éteindre bien des drames humains. Que de projets, que d'ambitions, que de crimes, et parfois peut-être aussi que de vertus persécutées y ont trouvé la mort et l'oubli! Que de fois la grande parole du sage, *tout est vanité*, n'a-t-elle pas retenti dans son enceinte! mais trop tard, hélas! trop tard pour le bonheur de celui qui la prononçait.

Parmi tous ces drames du cœur, tous ces mystères de la justice et de l'injustice humaine, le plus populaire, parce qu'il est demeuré le plus impénétrable, est celui du masque de fer.... Son souvenir est inséparable du nom même de l'île Sainte-Marguerite; sa chambre qu'on a conservée avec soin n'a rien de remarquable que sa fenêtre à triple rang de barreaux croisés.

La seconde des îles Lerins, l'île *Saint-Honorat*, était autrefois célèbre par son couvent de religieux; un chenal naturel de cent mètres environ la sépare de Sainte-Marguerite. La vue de ces îles est belle et très-pittoresque, la mer qui les baigne, calme et transparente comme un miroir, rappelle le *lac Majeur* et *l'isola Bella*...

Le terrain sablonneux et léger y est couvert d'azeroliers à la verdure gracieuse et aux baies éclatantes, et de bruyères de toute espèce. Çà et là des groupes de pins maritimes y forment de sombres massifs. De loin, on est tout admiration, et l'on serait tenté d'affirmer que la vie doit être un véritable paradis, au milieu de ces flots si bleus, sur cette terre si paisible; et cependant, à peine débarqué sur cette plage enviée, on a hâte de s'en éloigner; à chaque pas elle recèle des ennemis dangereux, que l'homme n'est point encore parvenu à y détruire et dont la présence fait vite oublier le charme du climat et de la position. Je veux parler des serpents très-venimeux qui vivent à l'ombre de ses bruyères et des moustiques plus nombreux encore, qui font à ses habitants une guerre incessante et acharnée.

Quittons donc bien vite cette terre inhospitalière. Revenons à Nice où tout sourit à l'homme, où tout semble créé pour son plaisir et son bonheur. Le soleil est prêt à disparaître à l'horizon, notre barque glisse mollement sur le flot paisible ; autour de nous, les cimes dorées des Hautes-Alpes sont mille fois reflétées par les vagues légèrement agitées et que le soleil semble couvrir d'étincelles.

Nous voguons dans une mer de feu, et nous pouvons nous croire transportés dans le golfe de Naples. Silence, écoutons.... nos bateliers ont entonné un chant patriotique. Est-ce de l'italien ou du français? — Ni l'un ni l'autre, c'est du vieux et poétique provençal.... Mais, n'est-ce pas une langue éminemment française que celle que parlaient le roi René et ses gais compagnons?

XVII.

Monaco.

Encore un site singulièrement populaire, une histoire bien connue, et cependant pouvons-nous quitter Nice sans lui donner un regard, sans lui consacrer au moins quelques lignes ? Une principauté de si minime importance eu égard à son territoire, et qui a su se conserver intacte au milieu des divisions et des déchirements des grands empires, mérite d'ailleurs à tous égards un hommage d'admiration et de respect.

Du village de la Turbie, où je reviendrai tout à l'heure pour clore par une rapide vue de la mer ce trop incomplet tableau de Nice et de ses environs, de la Turbie, dis-je, à Monaco, il n'y a qu'une lieue à vol d'oiseau ; mais les rampes de la montagne sont si raides et nécessitent tant de détours qu'il faut au moins une heure et demie pour arriver aux premières maisons de la ville.

Lorsqu'on sort de Turbie et qu'on se penche sur le parapet qui borde la route, on voit Monaco

immédiatement au-dessous, à une profondeur
de plusieurs centaines de mètres. Et la ville
apparaît, non comme une ville véritable, mais
comme un plan en relief. Ne regardons pas plus
longtemps, nous aurions le vertige ; descendons
à mi-côte et parvenons aux ruines de la tour de
Pertinax ; satisfaisons maintenant à loisir notre
juste curiosité : la ville, toujours à nos pieds,
se dessine avec grâce sur la mer et sur le ciel ;
des massifs épais d'orangers et d'oliviers,
groupés sur le premier plan, en font ressortir
plus vivement la beauté.

Monaco est placé sur un rocher qui avance
dans la mer, et forme sur la gauche un petit
port, très-sûr et fort commode. On parvient au
sommet du plateau sur lequel la ville est bâtie
par une rampe large et facile que les chevaux
et les voitures montent sans fatigue. Une immense place formant terrasse sépare le château de la ville ; un des côtés de cette vaste et
belle terrasse est formé par une roche coupée à
pic et d'une hauteur considérable.

Monaco est d'origine fort ancienne ; la légende
attribue le creusement de son port à Hercule.
Quoi qu'il en soit de la vérité de cette assertion
et de l'époque précise où l'antique cité fut fondée, il est de certitude historique que les Gri-

maldi en étaient déjà princes souverains au
XIe siècle (1).

Jusqu'en 1791, cette principauté se conserva
sous la protection de la France. Détruite alors
par ses protecteurs eux-mêmes, elle fut recons-
tituée par les traités de 1814.

XVIII.

Vue de la mer, prise du point le plus élevé des environs de Nice.

A quatre lieues de Nice, près du village de la
Turbie, est un trophée élevé à la mémoire d'Auguste qui, le premier, traça et fit exécuter une
route le long de la côte ligurienne ; ce fut par
cette voie, taillée au sein même du granit, que
les légions romaines vinrent soumettre les peuples qui habitaient les bords de la rivière de
Gênes.

Cette partie de la route est encore de nos
jours connue sous le nom de *Corniche* que lui
donna Auguste, et jamais certes, nom ne fut

(1) La chronologie authentique de ce petit État date de
Grimaldi IV, en 1218.

mieux appliqué. Son peu de largeur et sa position au bord d'un rocher coupé à pic et suspendu perpendiculairement à plusieurs centaines de toises au-dessus de la mer, en font
vraiment une étroite corniche, couronnant la
falaise, et l'on frémit en songeant qu'il y a quelques années à peine c'était l'unique passage
ouvert au voyageur. Mais si on y peut courir un
danger réel, en revanche de quelle vue n'y jouit-
on pas? Certes, le panorama qui se déroule
alors au regard offre assez de magnificence et
d'intérêt pour faire oublier l'abîme et le vertige
qui y pourrait précipiter. Et cependant, avançons encore, d'autres merveilles nous attendent.

Nous voici au col d'Éza ; c'est le point culmi-
nant de la côte. Sous nos pieds, la route est
soutenue par des murs en pierres sèches de
quinze à vingt mètres de hauteur, le rocher
qui leur sert d'appui descend perpendiculairement jusque dans la mer dont le niveau est à
plus de cent cinquante mètres au-dessous.

Cette falaise est magnifique, et comme pour
lui rendre un immortel hommage, la mer, si
calme sur les autres points de la côte, se brise
en mugissant à ses pieds, élevant sans cesse
vers sa cime l'encens de sa blanche écume.

A côté de nous, le village d'Eza couronne gracieusement un rocher de forme conique et est lui-même dominé par les ruines d'un temple romain. Autour de nous, les Alpes maritimes détachent nettement leurs cimes variées sur la mer; nous avons quarante lieues d'horizon, et notre œil peut embrasser et réunir les plus beaux sites peut-être de l'Europe. Les caps de Saint-Hospice, de Villefranche, d'Antibes, de Lestrelle, de Fréjus et d'Hyères se distinguent parfaitement et semblent s'élever les uns sur les autres.... A l'horizon, voyez-vous ces cimes si bien distinctes, quoique enveloppées de nuages bleuâtres; ce sont les montagnes de la Corse..... Notre regard est fatigué; faut-il nous en étonner? il a plus de mille six cents lieues carrées à parcourir....

L'heure était venue, madame, de clore ces souvenirs. Je venais de déposer la plume; mais au moment où je me disposais à vous les adresser et où, en songeant que la gracieuse ville et ses environs, faisaient autrefois partie, — et une des plus belles parties, — de la Provence, et

par conséquent de la France, je regrettais vivement que ce beau fleuron de la couronne mar-
seillaise se fût détaché du domaine de nos
souverains, un événement inattendu a modifié
toutes mes impressions.... Quand vous lirez
ces lignes, le même sentiment pénible se trans-
formera pour vous, comme il vient de le faire
pour moi, en un légitime orgueil : Nice est
revenue à la France. Je croyais faire l'éloge
d'un comté italien, et je portais mes hommages
à un de nos départements.... Ai-je besoin
d'ajouter que parmi nos provinces les plus fa-
vorisées de la nature et du climat, notre nouvelle possession se placera tout d'abord, et
sans opposition possible, au premier rang ?

Mais cette annexion nécessite évidemment
quelques détails, non plus sur le territoire de
Nice seulement, mais sur l'ensemble des Alpes
maritimes.

XIX.

Les Alpes maritimes.

Avant d'abandonner complétement Nice et ses
environs pour aller visiter d'autres régions

alpestres, permettez-moi donc, madame, de résumer, en le complétant, ce qui précède, c'est-à-dire, de retracer dans une esquisse le tableau des Alpes maritimes.

Il n'est pas nécessaire, dit le savant naturaliste à qui j'emprunterai les principaux traits de ce tableau (1), il n'est pas nécessaire de remonter le Nil, ni de voyager péniblement dans les déserts de la Syrie pour trouver des ruines : le phénix qui renaît de ses cendres, cette belle image de la nature qui vieillit et se renouvelle de ses propres décompositions, se fait voir partout aux yeux du sage. Mais c'est particulièrement dans les lieux le plus anciennement habités et où la main de l'homme s'est ajoutée à l'action destructrice de l'air, de l'eau et des autres éléments, qu'on rencontre le plus de ces squelettes décharnés, tristes luttes d'une grandeur passée.

Sous ce rapport, les Alpes maritimes, c'est-à-dire cet enfoncement entre la France et la Ligurie, où finissent les grandes Alpes et où commencent les Apennins, présentent un grand intérêt et réunissent en un seul tableau tout ce que le souvenir des grandes catastrophes offre

(1) Em. Fodéré, *Voyage aux Alpes maritimes.*

de terrible, de magnifique et d'imposant. Ruines
de la nature, vestiges accumulés de l'action de
l'eau et du feu; ruines des ouvrages des hommes ; ruines des générations passées ! tel est le
spectacle offert à l'explorateur qui, après avoir
quitté la plage maritime et les plaines délicieuses de la campagne de Nice, s'avance derrière le rideau qui couvre une succession de
rochers groupés entièrement nus et de l'aspect
le plus sauvage.

Ce premier rideau, nous en avons ensemble
soulevé plus d'une draperie, dans nos excursions aux environs de Nice ; nous ne nous arrê-
terons donc point à contempler les magnifiques
scènes qu'il derobe à la ville paisible , mais avec
notre savant guide nous passerons à la question topographique.

On peut diviser les Alpes maritimes en trois
parties parfaitement distinctes : les côtes maritimes, les montagnes et la vallée.

Six lieues de littoral forment la partie maritime et renferment les villes de Nice, Villefranche,
Meuton et Monaco, ainsi que les villages d'Eza,
de la Turbie et de Roquebrune, placés sur des
rochers qui bordent la mer.

J'ai déjà essayé de vous dépeindre l'aspect
ravissant que donne à toute cette côte sa riche

ceinture de caroubiers et de citronniers et d'o-
rangers, tout à la fois couverts de feuillages, de
fleurs et de fruits.

La partie montagneuse, nous l'avons également vu, diffère entièrement de productions et
d'aspect, mais ce que j'avais omis de signaler,
c'est la différence complète de végétation entre
ses versants tournés vers l'est ou vers le sud et
ceux qui regardent l'ouest ou le nord.

Dans le premier cas, tous les gradins succes-
sifs qui se superposent les uns aux autres jusqu'à l'horizon, produisent toujours à leur base
et sur leurs flancs la vigne et l'olivier, tandis
que leurs cimes rocheuses sont entièrement dé-
nudées. Dans le second, au contraire, on ne peut
obtenir qu'à grand'peine une mesquine moisson
de seigle et d'orge.

Il est aisé de se figurer les contrastes qui ré-
sultent de ces brusques transformations du sol,
transformations amenées non par une différence
de terrain, mais par la seule influence de la
température; cependant, tout en s'en rendant
compte, l'étranger ne peut s'y accoutumer, et en
rencontrant à une faible distance deux villages
placés dans des conditions tout opposées, l'un
riche, fertile, l'autre entouré de landes stériles
quoique situés à égale hauteur sur la montagne,

dont on n'a fait que tourner l'angle, on est tout surpris, tout attristé.

Il résulte de cette disposition du sol que les fondateurs de la plupart des villages un peu importants ont recherché les positions méridionales sans être arrêtés par le manque d'eau, défaut malheureusement très-commun dans les versants privilégiés.

Enfin, les vallées, en général fertiles et toujours fort remarquables au point de vue des sites et des beautés naturelles, les vallées, dis-je, qui seraient innombrables si on voulait donner ce titre à toutes les crevasses, à toutes les ravines creusées entre les diverses montagnes ou à leurs flancs, et qui portent ce nom dans le pays, se réduisent en réalité à dix principales : la vallée de la *Nervia*, celles de la *Roja*, de la *Bevera,*, du *Pallion*, de la *Visubia*, de *Valde-Blora*, de la *Tinée*, d'*Entraunes*, de *Guillaumes*, enfin la vallée du *Var*.

Les Alpes maritimes, très-riches en pierres calcaires, recèlent en outre des substances minérales fort précieuses, notamment de très-beaux cristaux de roches, des mines de plomb, d'argent, de cuivre, de fer et d'arsenic.

Mais la véritable richesse du pays, richesse que Dieu a mise à la portée de tous, du pauvre comme du riche, de celui qui n'a ni le savoir, ni l'intelligence, ni les ressources de fortune né-cessaires à l'exploitation des trésors que re-cèlent les flancs de la terre, ce sont de fertiles et nombreux pâturages; pâturages d'hiver comme dans toute la basse Provence, et pâtura-ges d'été comme en Suisse, en Savoie, en Dau-phiné. La vie des bergers est ici une vie à part, leurs mœurs ne ressemblent en rien aux mœurs du reste de la population, ce serait une étude spéciale qu'il faudrait pour la peindre; étude curieuse et intéressante sans contredit, et qui nous ramènerait par plus d'un point aux sou-venirs de l'antique histoire patriarcale; mais ce tableau nous entraînerait évidemment trop loin.

Je reviens donc à cette étude du sol et de ses produits que je vous ai promise.

L'OLIVIER est ici la vraie plante indigène. Il y croît aussi aisément que le sapin dans les Hautes-Alpes, que les chênes et les ormeaux dans les bois du centre de la France, et il y pousse à une grosseur et à une hauteur égale à celle de nos noyers.

L'olivier se reproduit de sa semence ou d'é-clats du pied; mais quel que soit le mode em-ployé, c'est un des arbres qui sont le plus long

6.

à croître : provenu de semences, il faut au moins cinquante ans avant qu'il donne la portée de son fruit et par drageon; on doit peu espérer le même résultat avant vingt à vingt-cinq ans. Il est vrai que par compensation il vit et produit pendant des siècles. Mais pas plus que les autres végétaux il n'est à l'abri d'accidents, un hiver très-rigoureux le tue sans pitié, et quelle perte que celle d'une plantation qu'un demi-siècle à peine remplacera !

L'ORANGER et le CITRONNIER peuvent, à aussi juste droit que l'olivier, revendiquer le titre de produits indigènes des Alpes maritimes. Le peu de soins qu'ils réclament, la facilité avec laquelle ils se propagent et l'abondance de leurs fruits en font de véritables enfants du pays.

L'oranger domine dans la campagne de Nice, le citronnier dans celles de Villefranche, de Monaco, de Roquebrune, de Menton et de quelques vallées bien abritées des montagnes qui bordent la mer, ainsi que de la vallée de la Nervia. On croit en général que le citronnier demande une température moins élevée que l'oranger; c'est une singulière erreur : ainsi et pour preuve, à Nice, où l'oranger mûrit à toute exposition, le citronnier ne peut résister qu'en espalier le long de murs bien exposés au midi.

Bien plus encore que l'oranger, le citronnier est l'arbre toujours actif et qui ne cesse d'être couvert de fleurs et de fruits de différents âges, les uns prêts à cueillir, les autres à peine formés ; ceux-ci cachés sous toute la splendeur de la fleur ; ceux-là encore en promesses, dans le bourgeon presque imperceptible.

· Je n'ai pas besoin d'ajouter que l'eau distillée d'oranger et l'essence de citron, ainsi que la vente et l'expédition de ces deux fruits, sont ici une des branches importantes du commerce.

Le CAROUBIER, qui se sème de lui-même, qui croît pour ainsi dire sans culture, et choisit de préférence les terrains dédaignés par les orangers et les citronniers, qui se plaît dans les plus légers interstices creusés en flanc d'une montagne, dans les terrains maigres et sablonneux, est pour les habitants des Alpes maritimes d'une inestimable ressource. Son fruit, très-riche en matières•sucrées, est excellent pour nourrir et engraisser le gros bétail, et en même temps très-bon à manger soit cru, soit séché au four. Dans le midi de l'Italie, des populations entières en font leur principale nourriture.

Le FIGUIER, le MURIER BLANC, le CHATAIGNIER, le NOYER et l'AMANDIER viennent enfin clore cette liste si importante des arbres indigènes

auxquels les habitants des Alpes maritimes
doivent une de leurs richesses les plus réelles.
Pour ne parler que du figuier, en 1820, on y ré-
coltait annuellement 400,000 kilogrammes de
figues, qui représentaient à cette époque une
valeur de 78,000 fr., valeur considérablement
augmentée aujourd'hui.

Peu de pays aussi montagneux que celui qui
nous occupe peuvent rivaliser avec lui sous le
rapport des produits ; bien moins encore réunissent, dans un espace aussi restreint, cette
variété, cette abondance de produits avec la
merveilleuse beauté, la grandeur sauvage des
sites ! N'avais-je donc pas raison, madame, de
vous dire, dans mon enthousiasme pour Nice et
ses environs : C'est bien là une terre privilégiée,
un petit coin de l'Éden oublié par la bonté divine sur la terre ?

XX.

Bienfaits de la religion dans les Alpes maritimes.

La France,— qui oserait en douter,— avec son
administration et ses lois, étendra aux monta-

gnards des Alpes les heureux fruits de cette
charité active, industrieuse, intelligente qui,
plus que jamais, est à notre époque le caractère
distinctif du catholicisme. Mais en y portant
ses œuvres, que la bienfaisance moderne ne s'a-
veugle point; qu'elle ne s'imagine pas créer, là
où elle ne fera que ressusciter le passé. Partout
où l'Église, cette tendre et douce mère, a eu la
large part d'influence qui devrait lui être acquise
eu tous lieux pour le bonheur réel de l'humanité, il ne peut y avoir à innover; tout au plus
comme ici, lorsqu'après de brusques convul-
sions, la société n'a point encore eu le temps de
se reconstituer dans tous ses détails, reste-t-il
à rétablir beaucoup de choses qui ne semblent
nouvelles que parce que l'ingratitude et l'oubli
couvrent le passé.

C'est ce passé que je tiens à rétablir à la
gloire de la religion et dans l'espoir de stimuler
par le souvenir de tout ce qui avait été fait, le
zèle de ceux qui peuvent et doivent s'attribuer
la noble et généreuse mission d'apôtres et d'or-
ganisateurs de la charité.

Ce ne sont pas seulement des traditions lo-
cales, des souvenirs populaires à demi effacés
que je veux enregistrer ici. Mieux que cela, j'ai
à vous transmettre en quelque sorte des docu-

6.

ments officiels recueillis par un savant et cons-
ciencieux explorateur de ces contrées, présen-
tés par lui à ses lecteurs après des remarques
critiques sur ce qu'il appelle les *pratiques su-
perstitieuses* des montagnards et que nous nom-
mons nous, leur *dévotion tendre et affective.*
Ces faits, à l'honneur de l'heureuse influence de
la religion et de ses ministres, m'ont semblé un
hommage que nul ne peut taxer de partialité.
Je vais abréger son récit, je n'y ajouterai rien.

Les montagnards sont généralement labo-
rieux et actifs; il était résulté de ces deux qualités, dans la partie des Alpes qui nous occupe,
un noble préjugé qui entachait d'infamie la pro-
fession de mendiant et jetait le blâme et la honte
sur les paroisses qui en fournissaient le plus.
Mais cette réprobation, tout en excitant le travail et l'économie, pouvait-elle extirper entièrement la pauvreté, cette plaie inséparable de
toute société? Évidemment non, surtout dans
un pays où les récoltes sont sujettes à tant de
vicissitudes, où la prévoyance est souvent en
défaut, où le travail opiniâtre est fréquemment
rendu infructueux, et qui, en outre, est habité
surtout par des petits propriétaires et des jour-
naliers que la vieillesse ruine immanquable-
ment en la privant du secours de leurs bras.

Ce fut alors que la religion intervint, non pas avec la splendeur de la bienfaisance moderne qui bâtit des palais aux pauvres sous le nom d'hôpitaux, mais avec une sollicitude et une simplicité vraiment édifiantes.

Ces secours, si intelligents, si nombreux qu'ils chassaient la misère du pays et y faisaient reconnaître et bénir la main toujours ouverte de la Providence, consistaient en secours à domicile, en monts-de-piété, en grains et en argent, en fonds pour doter de jeunes filles et enfin en hôpitaux de malades.

Et qui avait fondé, qui soutenait toutes ces œuvres? Étaient-ce les riches qui venaient ainsi en aide à leurs frères? Non, des riches, il n'y en avait que très-peu, tandis que les pauvres étaient seuls nombreux dans le pays! Écoutez : Dans ces beaux temps de foi et d'amour, les dignes ministres de la religion avaient consacré le produit de leurs épargnes à ces fondations, à côté desquelles était presque partout une école gratuite pour les garçons. A leur exemple, tout homme pieux qui avait rempli une charge se croyait obligé de laisser quelque fonds à l'institution. — Voilà ces legs pieux tant calomniés!... — L'œuvre était régie par une congrégation de charité et par une confrérie de

pénitents de la miséricorde, à la tête desquels
était toujours le curé de la paroisse... Comme
chacun se connaît dans ces petites localités et
que le bon curé, — c'était souvent un religieux,
— était ordinairement le meilleur ami de ses
ouailles, on assure que presque partout les secours avaient continué de prévenir la demande.

Les monts-de-piété, soit en grains, soit en
argent, prêtaient les uns à proportion du terrain
à ensemencer, les autres sur gage ; souvent
sans intérêt, mais jamais à plus de deux pour
cent.

La dotation des jeunes filles renouvelait ici
la touchante coutume des rosières, et mériter
une de ces dots était pour celle qui l'obtenait,
la meilleure recommandation, une assurance de
sa bonne conduite, de sa piété.

Aux secours à domicile connus sous le nom
d'œuvres de miséricorde, était attachée habi-
tuellement partout une maisonnette, avec six à
sept lits pour les vieillards sans ressource ou les
passants malades ; précieux asiles organisés de
telle sorte que, sans rien coûter à la commune,
ils subsistaient par leurs propres ressources et
trouvaient dans la charité privée, autant et plus
même d'individus qui, sans salaire, s'y dé-
vouaient au service des pauvres.

Ces établissements, très-anciens, avaient sur-
vécu, dans les Alpes maritimes, aux guerres et
aux fléaux dont ces paisibles contrées avaient
été si souvent témoins et victimes, lorsque s'é-
tendit brusquement jusqu'à eux, le bienfait
si vanté du règne de la *Liberté*. Ce devait être
partout le bonheur des peuples ; ici, tout au
moins, ce fut la ruine et la misère pour beaucoup. Les institutions pieuses dépérirent comme
emportées par un pouvoir magique, et la charité
qui les avait créées se changea en un égoïsme
froid et impassible.

Quelques-unes de ces institutions ont été ré-
tablies, mais qu'il s'en faut que la piété qui les
avait dictées ait repris son empire !

Certes, si la vertu et l'illustration des pères
obligent leurs enfants, quelles obligations n'a
pas acceptées la France catholique en joignant à
sa riche couronne de provinces, les montagnes
autrefois témoins et objets de tant de bienfaits,
de tant de sollicitude ! La société chrétienne de
notre siècle ne voudra point demeurer en arrière des siècles passés. Les œuvres que ces
siècles lui ont léguées seront relevées, conti-
nuées et développées avec ardeur !...

Les montagnards, si disposés à aimer leur
nouvelle patrie, apprendront à la vénérer, à la

bénir, et ce sera par la conquête des âmes, le développement des intelligences et l'extension du bien-être et de l'aisance que nous répondrons à cet élan de tout un peuple qui s'est donné à nous!

Ce ne serait pas assez, en effet, de porter à ces vieux et fidèles chrétiens les bienfaits de nos lois et de notre civilisation, si nous ne lui assurions dans toute sa plénitude ceux de la foi et de la charité!...

CHAMBÉRY ET LA SAVOIE.

I.

L'annexion. — 14 juin 1860.

. . . . Au moment où je terminais les lignes qui précèdent, voici que le canon vient réveiller les paisibles échos de ma solitude. Serait-ce la révolution ou l'émeute qui promènerait ses fureurs sur Paris?... Non, ce ne sont pas là des bruits de guerre et de carnage, ce sont des salves joyeuses, c'est le signal d'une fête vraiment nationale, le signal qui nous annonce que la France vient de s'agrandir, non point par

une conquête arrosée des larmes des vaincus,
mais par la réunion à la France, en quelque
sorte naturelle, et, dans tous les cas, vivement
désirée et tout à fait volontaire, de deux provinces où tout, les mœurs, le langage, l'origine,
la position géographique, étaient évidemment
français. Il s'agit, en un mot, de cette annexion dont je vous parlais justement tout à
l'heure, et qui nous donne le comté de Nice
et la Savoie. Ce ne seront certes pas les moins
belles et les moins intéressantes de nos provinces, et leur désir, leur empressement d'ap-
partenir à la France, lui sont un sûr garant
qu'elle y trouvera des sujets dévoués, fidèles et
fiers de ce titre !

Je me garderais de vous raconter ici, madame, l'histoire de l'annexion, la spontanéité
avec laquelle elle s'est opérée et aussi les
contradictions et les entraves qui eussent si
fort voulu s'y opposer ; je n'entrerai point dans
le détail des ovations et des fêtes qui l'ont cé-
lébrée à Nice, à Chambéry, et jusque dans les
plus petites localités savoisiennes et niçoises,
non plus que sur son importance statistique ;
ce sont là des questions qui ont trop vivement
occupé la France pour que les répéter ne soit
une redite inutile. C'est d'ailleurs du ressort de

la politique, et les journaux ont assez exploité cette grande mine d'intérêt et de sentiment de fierté et de joie nationale ! Cependant des souvenirs sur Nice seraient, ce me semble, bien incomplets, si, retracés au moment où nous sommes, ils n'embrassaient pas, ne fût-ce que par un rapide point de vue, les nouvelles Alpes françaises tout entières.

Quelques lignes donc sur Chambéry trouvent naturellement leur place ici ; aussi bien est-ce encore un feuillet détaché de mes souvenirs, puisque, grâce au climat si salutaire de Nice, notre malade, au départ, était suffisamment rétablie et fortifiée, pour que les médecins non-seulement nous permissent, mais nous conseillassent même quelques semaines de séjour dans les Alpes, dont l'air pur et vif devait, à leur dire, compléter la cure si avancée déjà par la douce température que nous quittions. Au lieu donc de regagner Lyon, — où nous avions promis à d'excellents amis de nous arrêter quelques jours, — par la voie ordinaire, à travers la Provence, nous avons fait l'école buissonnière et y sommes arrivés par Chambéry et le Dauphiné. C'est ce détour dont les différentes haltes ont employé un mois tout entier — et quel mois de ravissantes et curieuses excur-

sions ! — qui me permet aujourd'hui de vous
parler de la Savoie.

Mais, avant d'aborder le chapitre des des-
criptions et des souvenirs qui me sont person-
nels, laissez-moi emprunter à votre intention et
reproduire ici un article du plus vif intérêt sur
les principaux hommes célèbres donnés à la
France, au monde chrétien et savant, par ces
pittoresques et montagneuses régions, où la
pensée et l'intelligence humaines se dévelop-
pent si aisément, placées sans cesse comme
elles le sont en présence de ces majestueuses
scènes de la nature, qui révèlent avec tant
d'éloquence la grandeur et la puissance de
celui qui les a créées.

II.

Les grands hommes de la Savoie.

L'annexion de la Savoie présente ainsi un
genre d'intérêt sur lequel je désire attirer votre
attention ; elle restitue à notre patrie le lieu de
naissance de plusieurs illustrations.

Au xiᵉ siècle, saint Anselme, né sur les confins de la Savoie, fut un des éminents docteurs de l'Église, un des défenseurs les plus savants et les plus persuasifs de sa philosophie toute divine.

Au xiiᵉ siècle, Pierre de Tarentaise nous apparaît au premier rang, parmi les illustres savants de l'ordre de Cîteaux. Saint Bernard le choisit pour ami : ce titre rend superflu tout autre éloge.

Pendant le moyen âge, la Savoie donne à l'Église les papes Nicolas II, Célestin IV, Innocent V et une foule de religieux remarquables par leur zèle et leur savoir.

Au xvᵉ siècle, Guillaume Fichet, du Faucigny, recteur de l'Université de Paris, établit dans le local de la Sorbonne la première imprimerie que la France ait possédée.

Au xviᵉ siècle, Jacques Pelletier, d'Annecy, mathématicien, poëte et orateur, réunit et publie pour la première fois les règles de la prononciation et de l'orthographe françaises. Vers la même époque, l'éloquence de Michel Tripier excitait l'enthousiasme des députés polonais envoyés pour offrir au duc d'Anjou (plus tard Henri III) la couronne de Pologne. Marc-Claude de Bullet, de Chambéry, fut, dit-on, l'auteur de la substitution du nom de *savoisien* à celui de *savoyard*. Ce serait un médiocre titre à la renommée, si l'abbé d'Olivet n'avait pris soin de le compter au nombre des premiers versificateurs de l'époque.

Mais la gloire par excellence de la Savoie au XVIᵉ siècle est d'avoir donné à l'Église le saint et aimable évêque de Genève, l'éloquent apôtre de la charité et de la douceur ; l'écrivain charmant pour qui la nature était un poétique symbole de l'amour de Dieu ; le guide toujours sûr, toujours affectueux, bienveillant, qui sait rendre la vertu aimable, la piété accessible à tous, qui possède le don d'ouvrir tous les cœurs à la bonté, à l'indulgence, à l'amour pour le prochain, à la sévérité pour soi seul. Est-il besoin, madame, de vous nommer saint François de Salles ?

Au XVIIᵉ siècle, Claude Favre, seigneur de Vaugelas, né à Chambéry, occupe un des fauteuils de l'Académie française, mérite le titre du plus savant grammairien de son époque, et achève cette traduction de Quinte-Curce qui faisait dire à Balzac, son contemporain : « *L'Alexandre de Quinte-Curce est invincible ; mais l'Alexandre de Vaugelas est inimitable.* »

La fin du XVIIIᵉ et le XIXᵉ siècle doivent beau-

coup à la Savoie. Alexis Bouvard, de la commune des Contamines, sur Sallenche, s'élève
des derniers degrés de la société jusqu'à l'Académie des sciences, obtient le titre de membre
du Bureau des longitudes de Paris, et prend
rang parmi les plus savants astronomes.

François Ducis, originaire de Haute-Luce,
homme de foi naïve et de retraite, mais esprit
fier et indépendant, cherche à reproduire, non
cependant sans les mutiler, les créations de
Shakspeare ; il écrit d'inspiration la tragédie
d'*Abufar*, et laisse une correspondance in-
time qui reflète les maîtresses formes de son
âme.

Né en 1753, à Chambéry, le comte Joseph de
Maistre est, par excellence, le soutien, le défenseur de la tradition chrétienne.

Intelligence facile et nature gracieuse, son
frère, le comte Xavier de Maistre raconte avec
élégance la pathétique nouvelle du lépreux de
la cité d'Aoste et rend son nom populaire par
le spirituel *Voyage autour de ma chambre*.

Claude-Louis Berthollet, né à Talloires, près
d'Annecy, fait avec Bonaparte la campagne
d'Égypte et se rend digne de l'amitié du premier consul en devenant le plus célèbre chi-
miste de son temps.

Je ne cite pas le nom des Caffe, des Marthoud, des Dupaz, des Chastel, des Boigne, des Bellegarde, des Curial et de tant d'autres capitaines. Depuis ses ducs jusqu'aux plus humbles enfants de ses montagnes, la Savoie est habituée à ne jeter sur les champs de bataille que des héros !

Un des plus illustres membres du corps médical français, le professeur Fodéré, est né à Saint-Jean de Maurienne en 1764. La précocité de son esprit appela sur lui l'attention du chevalier de Saint-Réal, intendant de la Maurienne. Cet homme de sciences s'attacha le jeune enfant qui donnait tant de promesses d'avenir. Gradué à Turin le 12 avril 1787, à l'âge de vingt-trois ans, Fodéré reçut du roi Victor-Emmanuel III une pension pour voyager pendant plusieurs années et se perfectionner dans les études médicales.

Il visita les différents États de l'Europe et se fixa provisoirement à Paris pour y suivre l'enseignement des grands maîtres. A cette époque, les leçons de Louis sur plusieurs questions de médecine légale, et les débats encore brûlants de différents procès célèbres, développèrent en lui un goût qui ne se démentit plus pour la science qu'il devait créer en quelque sorte et livrer toute formée à la méditation du monde savant.

Avant Fodéré, on ne possédait sur la médecine légale que des matériaux épars et incomplets. Frappé de l'insuffisance des secours que la médecine prêtait aux lois, il eut la gloire de réunir en plusieurs corps de doctrine les éléments qu'il avait puisés dans une expérimentation approfondie.

Le professeur Fodéré est mort à Strasbourg en 1835. La Société linnéenne et géographique de Leipsik a décidé qu'on donnerait son nom à la première fleur qu'on découvrirait et qu'on l'appellerait *Foderea*. La Savoie, justement fière d'être la patrie de ce savant qui fut en même temps un homme de bien, lui a élevé une statue, noble récompense de ses vertus et de ses travaux (1).

(1) Ce paragraphe est emprunté presque textuellement au n° du 10 avril 1860, du journal *l'Initiateur*. (Bureaux, rue Royer-Collard, 13.)

III.

La maison de Savoie.

Un souvenir maintenant et un hommage à la maison de Savoie.

Est-ce son antique origine que nous établirons par une savante généalogie?... Suivronsnous ses fils, — des héros presque toujours, — sur les champs de bataille où, à défaut du triomphe, ils rencontraient toujours la gloire?... Pénétrerons-nous dans le secret de leur cabinet alors qu'ils rédigent de sages ordonnances ou assurent leur protection et leurs bienfaits aux sciences et aux arts?...

Ce serait certes de curieux et intéressants tableaux; mais ce n'est pas de la gloire seule de la Savoie et de ses princes qu'il s'agit ici; je veux mieux que cela, je prétends vous montrer les alliances de familles qui dès longtemps unirent les deux maisons et, lien puissant entre les peuples, conservèrent cette sympathie, on pourrait presque dire cette fra-

ternité nationale qui, plus encore que sa position géographique, faisait ce versant des Alpes
tout français, alors même qu'il obéissait à un
gouvernement italien.

Ces alliances remontent fort loin dans l'histoire. En 1115, nous voyons Louis VI épouser,
à la grande joie de ses sujets, une jeune princesse, issue par les femmes de la race de Char-
lemagne : c'est Adélaïde ou Alix, fille de Humbert II, comte de Maurienne et de Savoie.

Plus tard, le mariage du dauphin, fils de
Charles VII, avec Charlotte, fille puînée de Louis,
duc de Savoie, nous donne une autre reine de
la même maison.

Charlotte apportait à la cour de France les
plus aimables qualités; elle n'y trouva néanmoins ni le bonheur que son âme tendre et dévouée avait sans doute rêvé, ni les hommages
qu'une femme et une reine était en droit d'espérer.

Le caractère de Louis XI ne devait, en effet,
lui assurer ni les douceurs de l'intérieur, de la
vie domestique; ni les honneurs qui accom-
pagnent la souveraine puissance.

Reléguée d'ordinaire au château d'Amboise,
avec des revenus plus que médiocres, elle n'y
laissait du moins pénétrer ni les murmures,

7.

ni la révolte, ni l'ennui. Aimant les arts et les
lettres, elle demandait à la poésie, à la musique,
à la peinture, des distractions sans cesse re-
naissantes et toujours compatibles avec ce que
sa position pouvait avoir de délicat et de difficile. Ce fut dans cette retraite qu'elle forma à
la piété et à la vertu sa fille chérie, la sainte et
tendre Jeanne de Valois....

Le temps a marché et voici qu'une fille de la
Savoie règne sur la France, non comme femme,
mais comme mère de roi : c'est Louise de Savoie,
duchesse d'Angoulême, et régente du royaume
pendant les guerres et la captivité de François Ier.
Femme de haute intelligence et de grand caractère, Louise n'eut qu'un défaut : sa passion
de haine et de vengeance contre le duc de Bour-
bon qui, en poussant le connétable au crime de
trahison, fît tant de mal à la France et au roi.
C'est une tache regrettable dans la vie de la
régente, tant au point de vue chrétien qu'au
point de vue politique ; mais en dehors de cette
particularité de sa vie, Louise de Savoie est une
des femmes dont doit le plus justement s'hono-
rer la France, et ce n'est point trop faire que
de la placer comme régente à côté de Blanche
de Castille et d'Anne de Beaujeu.

Les années, les siècles même s'écoulent,

mais non sans resserrer les liens des deux
maisons en donnant plusieurs filles de France
à des princes de Savoie.

Puis, tout à coup, une triple alliance semble
vouloir réunir en une seule les deux illustres
maisons.

Le 14 mai 1771, Louise de Savoie, fille de
Victor-Amédée III, épousait Monsieur (depuis
Louis XVIII); deux ans après, le 16 novembre
1773, Marie-Thérèse, sa sœur, devenait com-
tesse d'Artois par son mariage avec Philippe de
France (plus tard Charles X), et enfin le 27 août
1775, Marie-Clotilde, leur charmante et pieuse
belle-sœur, quittait Versailles avec son jeune
époux, le prince Charles-Emmanuel.

Ces trois unions, célébrées au milieu de tant
de présages de bonheur, devaient, hélas! aboutir à la plus effrayante des catastrophes : l'exil
et la mort sur la terre étrangère!...

Confondues dans l'adversité et la souffrance,
comme elles l'avaient été si longtemps et si
souvent dans la gloire et le bonheur, les maisons de Savoie et de France devaient ainsi, à
l'heure de l'épreuve, mêler, avec les larmes répandues sur les malheurs et les excès de la
patrie, leur courageuse fermeté, leur pieuse
résignation.

Louise et Marie-Thérèse ne faillirent pas plus que Marie-Clotilde à la sainte mission réservée à la femme dans la tristesse et la douleur.

La première suivit son royal époux en Angleterre et n'eut plus désormais d'autres joies, d'autres pensées sur la terre que de consoler son exil, de tempérer la rigueur de son sort et de prier pour la France!...

Elle mourut le 13 novembre 1812, à la suite d'une cruelle maladie, supportée avec une patience et une douceur angéliques, emportant avec elle le respect, l'affection et les regrets de tous ceux qui avaient eu le bonheur de la connaître. Sa bienfaisance, sa bonté, étaient inépuisables, et sa mémoire sera à jamais vénérée et chérie par la nation étrangère à qui il fut donné d'admirer ses vertus. On ignora généralement en France cette perte cruelle; les funérailles de la reine de France furent célébrées à Londres dans la chapelle catholique de King-Street avec toute la solennité qu'il fut possible de leur donner sur une terre étrangère et protestante.

Marie-Thérèse, sa sœur, l'avait déjà devancée dans la tombe. Compagne d'exil du comte d'Artois, comme elle, elle avait donné à l'Europe l'exemple du dévouement à son époux et de la fermeté dans le malheur.

Ajouterons-nous quelques lignes à l'honneur de Marie-Clotilde. Qui ne connaît la vie de cette sainte reine, dont le nom et la mémoire ont mérité de prendre place à côté de ceux à jamais bénis d'Isabelle, de Jeanne de Valois et d'Elisabeth, l'auguste martyre... Qui ne sait que le souvenir de ses vertus et des miracles attribués à son intercession ayant déterminé à demander à Rome sa canonisation, elle a été déclarée *vénérable* le 5 avril 1806, avec décret autorisant à poursuivre cette cause.

Enfin, naguère, une nouvelle et toute récente alliance a enlevé à la maison de Savoie, pour la donner à la France, une jeune princesse, dont son ancienne et sa nouvelle patrie se plaisent à vanter les vertus, la bonté et la piété...

Tels sont, madame, les souvenirs historiques évoqués en ma pensée par le canon de la fête du 14 juin. Je vous les soumets en toute confiance, assurée que vous y trouverez un des motifs qui rendent la France si chère aux Savoisiens et, en revanche aussi, un motif d'apprécier et d'aimer nos nouvelles provinces, non pas seulement à titre d'augmentation de territoire, mais encore et surtout à un point de vue plus élevé : une antique communauté de gloire et de grands souvenirs.

IV.

La Savoie. — Histoire. — Mœurs.

Le pays voisin du lac Leman prit le nom de
Savoie vers le ve siècle, c'est-à-dire à l'époque
de l'invasion de l'empire romain par les Bar-
bares. Il appartint successivement aux royau-
mes de Bourgogne, de Provence et de France

L'empereur Conrad le Salique l'érigea en
comté en faveur d'un *Humbert aux blanches
mains*, dont le nom se trouve vaillamment
mêlé à toutes les chroniques de gloire et de
vaillance de cette époque. Au xve siècle seulement, cette principauté, depuis longtemps
puissante, reçut le titre de duché. Ce fut l'empereur Sigismond qui le lui accorda... On sait
comment les princes de cette antique maison
étendirent plus tard leur autorité et formèrent
le royaume de Sardaigne.

La géographie physique de la Savoie est très-
curieuse, très-pittoresque. C'est là que s'élève
le Mont-Blanc, la plus haute montagne de toutes

les chaînes des Alpes et de l'Europe ; le Buet, l'Iseran et beaucoup d'autres.

Les neiges éternelles et les glaciers étincelants qui couvrent les sommets pittoresquement découpés de cette partie des Alpes, les grottes naturelles ornées de stalactiques et à dentelures bizarres, si nombreuses sur leurs flancs abruptes, les cascades qui mêlent à ces beautés naturelles l'animation, la vie de leurs ondes séculaires, enfin l'étonnante variété d'aspect et de végétation qui captive le regard et frappe l'imagination, tout concourt à rendre la Savoie chère aux touristes et à y attirer chaque année, pendant la belle saison, de nombreux voyageurs, qui tous s'accordent à y admirer les merveilles de la nature et plus encore les mœurs simples, honnêtes des montagnards.

Nulle autre part en Europe peut-être les vieilles mœurs, nous entendons par là le respect, la pratique de la religion et l'esprit de famille, ne se sont aussi bien conservées qu'en Savoie. Les voyageurs seuls n'ont point fait cette remarque : dans toute l'Europe ses enfants sont renommés pour leur probité, leur zèle et leur intelligence.

Loin, bien loin de leurs chères montagnes et

de leur pauvre foyer, ils en conservent l'amour
et les enseignements. Le bruit de nos grandes
cités, leurs plaisirs et leurs vices ne peuvent les
corrompre, et, s'il est rare qu'au retour ils ne
reviennent au *pays* avec un petit pécule labo-
rieusement amassé, il est plus rare encore
qu'ils n'y rapportent fidèlement les principes
d'honneur et de conduite, qu'enfants ils en ont
emporté au départ.

A quoi tient cette heureuse persistance dans
le bien? Serait-ce, comme le prétendent certains
utopistes, à une disposition toute physique?
Non, non, Dieu a fait tous les hommes doués
des mêmes aptitudes au bien et au mal, et si
certaines nations semblent privilégiées à cet
égard, elles le doivent, non à la nature, mais à
l'éducation.

Et ici, par éducation, je n'entends pas évidemment la culture de l'intelligence et de l'esprit, mais celle du cœur. L'intelligence remarquable des Savoyards ne tient pas, en effet, à
une instruction acquise; mais aux grandes
scènes de la nature, au milieu desquelles ils
grandissent et qui élèvent sans cesse leur âme.
Quant à leurs principes d'honnêteté, c'est là
que l'éducation joue son rôle, rôle éminemment
puissant et admirable. Nulle part la tradition

ne se transmet aussi fidèlement que dans ces humbles chaumières perdues au flanc de montagnes presque inabordables ; nulle part le vieil honneur et le patriotisme n'ont plus de force et d'élan.

C'est d'ailleurs un trait caractéristique des régions montagneuses que cet amour du pays, cet attachement au sol natal que rien n'atténue, que rien ne remplace, seulement partout, disons-le à l'honneur de la Savoie, ce sentiment inhérent ce semble, à la disposition même du sol, n'est peut-être point accompagné des mêmes qualités de franchise et de loyauté.

V.

Vie patriarcale. — Influence de la famille

Mais, me suis-je demandé souvent, et vous êtes-vous sans doute également demandé, madame, par quelle miraculeuse protection providentielle, ces pauvres petits Savoyards, jetés presque au sortir du berceau dans les rues de nos grandes villes, parviennent-ils à garder

cette probité native, dont je parlais tout à
l'heure ? Que la tradition se conserve au foyer
de la famille, cela se conçoit, bien que ce soit
déjà véritablement merveilleux ; mais si loin !..
si loin de tout conseil, de tout exemple, de
toute direction ! ! !

C'est encore l'esprit de famille qui, à cent
lieues, à deux cents lieues, plane sur ces pauvres enfants, en apparence abandonnés et en
réalité aussi bien surveillés, mieux peut-être
qu'au foyer paternel. Le dévouement et l'amour
chrétien ne connaissent-pas de distance, et
guidés par eux, que ne peut un peuple pour
le bonheur et surtout pour l'honneur de ses
fils ?

Voici à ce sujet quelques notes très-curieuses
sur l'organisation de la colonie parisienne des
enfants de la Savoie. C'est, à mon avis, la plus
fidèle, la plus éloquente peinture des mœurs
savoisiennes.

Dès que, dans les vallées de Chamouni, de
Sallenche et de Maurienne, la nature se réveille
aux premiers rayons du soleil de mars, ces
paisibles solitudes s'animent soudain, et Dieu
seul sait de combien de larmes, de combien de
recommandations et de prières elles sont les
muets témoins. Des centaines de jeunes et vi-

goureux fils des montagnes vont quitter leurs
chères familles, et qui peut prévoir combien,
parmi ceux qui les embrassent et les bénissent,
ne se retrouveront plus là à leur retour ?

Les parents songent à cette triste incertitude ;
plus insouciants parce qu'ils sont encore tout
remplis des illusions du matin de la vie, les enfants n'y pensent point, et joyeux, confiants,
ils saluent avec enthousiasme le monde qui
s'ouvre devant eux, ce vaste monde dont les *An-*
ciens leur ont conté tant de merveilles, mais qui
ne se présente à leurs regards qu'avec une seule
séduction, une seule espérance : la fortune. Non
point la fortune telle que la peut rêver un habi-
tant des villes, avec ses splendeurs et son opulence ; mais de modestes économies qui permettent le retour au pays et l'acquisition d'un petit
patrimoine. C'est ainsi que l'ambition du Savoyard est réglée, limitée avant son départ, et
que déjà, avant de rien connaître de ce qui l'attend, il sait ce qu'il veut : revenir vivre et mou-
rir dans ses agrestes montagnes !

Réunis en un seul groupe, les habitants de
toutes les paroisses d'une même vallée viennent
faire la conduite à la chère caravane ; les derniers adieux sont échangés et les voyageurs
s'éloignent d'un pas alerte et joyeux. Où vont-

ils ? Ils l'ignorent; leur guide le sait pour eux
et cela suffit; que ce soit à Londres, à Berlin,
à Saint-Pétersbourg ou à Moscou, ils ne s'en
inquiètent pas; partout, leur a-t-on dit, l'honnêteté, l'économie et l'activité mettent la fortune à leur portée... Il est cependant un pays
qu'ils préfèrent à tout autre, un nom qui fait
battre leur cœur d'une espérance plus vive,
c'est la France ! Ceux que la volonté paternelle
et plus encore les relations de famille appellent
à Paris s'estiment heureux entre tous. Quel
étrange prestige est attaché en tout lieu à
cette capitale merveilleuse où accourent les
élus de la fortune, de la science et des arts, et
qui semble, même au plus pauvre et humble
enfant de la Savoie, un merveilleux Eldo-
rado ?

Arrivée à la frontière de Savoie, la petite caravane se divise en autant de groupes qu'il y a
de différentes directions à suivre, ou plutôt de
chefs capables de les diriger et de les conduire.
Il n'est pas rare, à cette époque, de rencontrer
sur la grande route de Grenoble à Paris, de
nombreux détachements de ces courageux enfants de la montagne, vêtus du costume tradi-
tionnel : une veste et un pantalon de gros drap
brun, un chapeau noir à larges bords, de gros

souliers ferrés et un bâton noueux à la main.
L'espoir, l'intelligence, rayonnent sur leurs
traits francs et ouverts; une fraîche carnation,
des membres souples et bien pris indiquent la
force et la santé, et le plus joyeux sourire té-
moigne de l'heureuse disposition de leur caractère.

C'est, vous le savez, madame, comme ramo-
neurs, commissionnaires, porteurs d'eau et
garçons de magasin qu'ils arrivent à la petite
fortune, objet de leur désir. Exercer un de ces
métiers, y obtenir estime et confiance est, à
leurs yeux, le plus brillant rêve d'avenir que
puisse concevoir l'imagination humaine; aussi
avec quelle joie, quelle persévérance marchent-
ils à ce but si ardemment désiré, et, parmi ces
jeunes visages souriants, que de châteaux en
Espagne devancent l'avenir? Ils ont déjà oublié
le pays et les larmes de leur mère; n'est-ce pas
d'ailleurs pour ne plus quitter le premier et
pour soulager la pauvreté de la seconde qu'ils
les ont quittés? Et à cette pensée leur regard
brille avec plus d'éclat, leurs lèvres s'entr'ouvrent pour mêler au gazouillement des oiseaux,
qui semblent leur souhaiter la bienvenue sur
la terre de France le populaire refrain des
montagnes : *Diga, Zanetta, vastité lougha!!!...*

La route est longue, parfois difficile. Aujourd'hui c'est le soleil qui les inonde de chaleur et de poussière ; demain la pluie allourdira leur vêtement si lourd déjà ; mais aguerris, dans la montagne, contre les caprices des éléments, ils secouent gaîment pluie et poussière et bravent la fatigue. Si la bourse est légère, en revanche le bissac, attaché à leur épaule, contient tout ce qui est nécessaire à leur subsistance, et le premier groupe d'arbres, le premier ruisseau qu'ils rencontrent leur réserve une halte délicieuse. Quand vient la nuit, un peu de paille dans une grange leur suffit.

C'est ainsi qu'ils traversent les opulentes provinces de la France, s'étonnant, s'attristant même un peu lorsque de fertiles plaines s'offrent seules à leur regard, et sentant battre leur cœur et circuler plus librement leur sang, lorsque quelque montagne vient rappeler les cimes bien-aimées de la Savoie.

Chaque dimanche ils s'arrêtent pour entendre la messe, et le plus ordinairement ils choisissent une église de village : en sortant de l'église, ils ont les yeux brillants de larmes. — Ainsi près du bon Dieu, il nous semblait être au pays ! se disent-ils entre eux.

Qu'il est éloquent cet hommage rendu à

l'unité de la sainte Église et à la puissance de la
prière, par de pauvres enfants ignorants!...

Mais voici notre caravane arrivée; elle vient
de franchir la barrière, elle est à Paris! Est-ce
donc là cette ville tant vantée, cette ville de
merveilles et de prestiges? pourraient-ils se
demander entre eux; car, avouons-le, la vue de
la plupart de nos faubourgs n'est guère de nature à satisfaire l'imagination, même celle d'un
Savoyard! Cependant nos voyageurs trouvent
tout magnifique; ce n'est pas le Paris réel qu'ils
voient, c'est le mirage de la fortune que leur
réserve la grande ville.

Encore une séparation! Après une courte
halte, la caravane se disperse; chacun de ses
membres se dirige vers la colonie de sa paroisse
où, en général, il trouvera une habitation commune, mais où l'attendent en tous cas bon accueil, protection et sages conseils.

Il y a à Paris dix de ces colonies dont chacune
compte de cinq à six cents membres et où règne
une organisation toute patriarcale, où s'exerce
sans contrôle et sans appel une autorité toute-
puissante; curieuse communauté qui rappelle,
au milieu de notre civilisation moderne, les cor-
porations du moyen âge, avec leurs règlements
particuliers et leur juridiction spéciale. Cette

communauté, bien que sans aucune sanction légale, conserve, dans toute leur intégrité, les priviléges et la puissance que lui a attribués la volonté de tous.

Le lendemain de leur arrivée, les Savoyards se mettent à l'œuvre, et dès lors commence pour eux ce labeur de tous les instants qui n'aura de terme que la veille du départ, c'est-à-dire dans dix à douze ans. Leur activité et surtout leur probité est proverbiale. Aussi jouissent-ils d'une telle confiance que l'on peut dire, sans exagération, qu'une grande partie de la fortune parisienne passe par leurs mains ; c'est un fait bien connu ; mais un détail qui l'est moins, c'est la sévérité de leur règlement contre tout abus de confiance.

Lorsqu'il arrive, — ce qui est fort rare, — un manque de probité parmi eux, le coupable est aussitôt et honteusement chassé de la colonie, avec ordre de quitter la ville à l'instant. En vain compterait-il sur l'immensité de Paris pour y demeurer à l'insu de ses compatriotes, toutes les colonies savoyardes se mettent à sa recherche ; il est bientôt découvert et conduit en présence des anciens de la commune, il est obligé de s'agenouiller, de baiser la terre et de se reconnaître coupable et repentant. On lui remet ensuite son bagage et quelques provisions; puis on le conduit jusqu'en dehors de la barrière avec la sévère injonction de s'éloigner à tout jamais de la France.

On conçoit qu'avec une justice si sévère et si respectée, avec une surveillance si active, les mœurs des Savoyards soient à Paris aussi en sûreté que dans leurs montagnes natales, d'autant qu'une autorité si simplement paternelle ne s'exerce pas seulement pour réprimer, mais encore et surtout pour prévenir les fautes et les abus, par la double force des conseils et du bon exemple.

Autrefois le Savoyard, inaccessible à toute autre séduction qu'à celle du retour au pays, envoyait chaque année ses économies en Savoie, jusqu'à ce qu'elles fussent assez considérables pour lui permettre d'aller les y rejoindre à son tour. Aujourd'hui, très-peu d'entre eux suivent cette voie; la plupart placent leur argent à la caisse d'épargne; beaucoup même jouent à la hausse et à la baisse, et ils ont leurs agents dans la coulisse aussi bien que Rotschild et Mirès!...

Parfois vous verrez un Savoyard acheter à Paris un parapluie de soie de couleur voyante, une belle montre en argent avec sa chaîne et ses breloques, quelques foulards aux vives nuances ; mais ne croyez pas que ce soit pour s'en parer immédiatement. Non, il n'a garde de prodiguer ainsi ses splendeurs à une ville, à un pays, où il ne se regarde que comme un voyageur exilé ; il les réserve pour ses chères montagnes, où il compte bien qu'elles lui aideront à conquérir le cœur d'une robuste et naïve fille de la Savoie.

Rarement, en effet, le Savoyard se marie à Paris ; ceux même qui, par circonstance, s'y établissent pour de très-longues années, retournent au pays y chercher une femme ; soit que l'éducation et la simplicité de mœurs des Savoyardes lui inspirent plus de confiance pour le bonheur et la prospérité de son ménage ; soit surtout qu'avec l'idée fixe, qui ne l'abandonne jamais, d'aller tôt ou tard se fixer où reposent ses pères, les beautés parisiennes lui paraissent des plantes trop délicates pour être transplantées au milieu de ces rudes montagnes, dont les sombres vallées et les âpres rochers l'enchantent mille fois plus que l'élégant bois de Boulogne et les splendides Champs-Élysées.

VI.

Les bords de l'Arve.

Nous suivrons pour notre excursion, si vous le voulez bien, madame, non la route qu'il semble que je doive prendre en partant de Nice, mais une voie toute différente qui nous fera commencer notre voyage par le nord de la Savoie.

La première ville que nous trouvons en venant de Genève est Bonneville, où une jolie statue, celle du roi Charles-Félix, érigée en 1824, attire notre attention. Le brave montagnard qui nous accompagne ne nous permet pas d'en lire l'inscription, car avant même que nous ne soyons arrivés à l'extrémité du pont de l'Arve où elle a été érigée, il nous raconte avec toute la ferveur de la reconnaissance, le bienfait royal qu'elle est destinée à immortaliser.

L'Arve, petite rivière torrentueuse, dévastait régulièrement chaque année la vallée qu'elle arrose. Touché des malheurs et de la ruine qui en résultaient pour Bonneville, le roi Charles-Félix fit entreprendre des travaux d'art que les pauvres paysans n'eussent jamais pu tenter, pas même rêver, et la rivière, enserrée dans son lit par des digues puissantes, fait depuis ce temps de vains efforts ; vaincue et domptée, elle n'est plus à craindre ; les moissons mûrissent en paix sur ses rives. Certes, n'est-ce pas là une victoire mille fois préférable à celle des champs de bataille, et les bonnes gens de Bonneville pouvaient-ils mieux choisir à un prince un titre de gloire et de reconnaissance ?

Bonneville n'a pas d'autre curiosité qui puisse nous retenir. Poursuivons donc notre route. Voici le village de Cluse où les beautés naturelles ne nous manqueront pas.

C'est d'abord la caverne de Balme, belle et spacieuse grotte, que nous allons visiter presque au sommet de la montagne à deux cent trente mètres au-dessus du lit de l'Arve, que nous entendons frémir à nos pieds. L'Europe possède peu de cavernes d'une aussi grande longueur, — six à sept cents pas, — et l'on se sent tout ému en pénétrant à une aussi grande profondeur dans le sein de la terre.

Mais nous avons repris notre route sur les bords de l'Arve, et voici que le bruit éclatant

d'une masse d'eau, se brisant avec effort sur la
roche nue, frappe notre oreille et nous pénètre
de je ne sais quelle émotion singulière. Il y a
dans les efforts de l'eau, dans ses mugissements,
une telle puissance, que l'esprit humain ne peut
s'empêcher de rendre hommage à cette force.
Telle est, du moins, l'impression que j'ai
éprouvée chaque fois que je me suis trouvée en
présence d'une cascade, et le *Nant d'arpenas*,
je dois l'avouer, n'était pas de nature à diminuer
cette sensation.

Les eaux se détachent de la montagne à une
hauteur de deux cent soixante mètres environ,
et se déroulent comme une longue écharpe
blanche sur un fond de roches noires, dont les
couches sont, d'un côté disposées en zigzag, de
l'autre en un grand nombre de bandes arrondies
et parallèles. C'est éblouissant, et le touriste
qui s'arrête en présence de ce magique spectacle, eût-il fermé les yeux tout le long de la
route, n'aurait point à regretter son voyage.

Nous voici à Sallenche, où nous avons à entendre un long et lamentable récit ; en 1840,
un horrible incendie, que développaient et acti-
vaient les violentes rafales de la tempête, dé-
truisit entièrement la ville et frappa un grand
nombre de victimes.

8.

Mais un spectacle merveilleux détourne bientôt notre pensée de ce douloureux spectacle.
Devant nous s'élève le Mont-Blanc dans toute sa
majestueuse grandeur, et tel est le prestige
attaché à cet imposant colosse des Alpes, que
tout s'amoindrit, tout s'efface devant lui. Il
semble que dans ces régions aux aspects gran-
dioses, les misères et les douleurs de l'homme
doivent singulièrement se rapetisser; l'âme n'y
doit plus avoir de force et de sentiment que
pour admirer la puissance créatrice de Dieu.

Avant de nous occuper du Mont-Blanc et de
suivre, sur ses sentiers inaccessibles, les hardis
voyageurs qui s'y sont engagés, arrêtons-nous
encore un instant à Sallenche, dans la ville
nouvelle bien entendu, et qui s'élève à quelque
distance de l'emplacement qu'elle occupait
autrefois.

De l'autre côté de l'Arve se dresse à pic l'ai-
guille calcaire de Warens, à plus de deux cent
cinquante mètres au-dessus de la rivière. Le
village de Saint-Martin est assis à ses pieds, et
l'on se demande si la masse qui le domine le
protégera toujours ou si bientôt il ne l'ensevelira
pas sous ses ruines?

Un peu plus loin, sur la rive gauche de l'Arve,
les bains célèbres de Saint-Gervais attirent tous

les ans, au pied du Mont-Blanc, une foule d'élégants et riches malades. On sait que ce sont des eaux à la mode, laissez-moi ajouter, madame, que ce sont en même temps des eaux d'une étonnante puissance curative ; j'y ai entendu raconter, j'y ai vu des guérisons merveilleuses.

Sur le chemin qui, par la rive gauche de l'Arve conduit à la vallée de Chamouni, où cette rivière prend sa source, on passe près du lieu où était situé le petit lac de Chède, détruit en 1839 par un éboulement. Entouré de riantes pelouses, ce lac offrait une singulière particularité : au fond de ses eaux, toujours paisibles et limpides, on voyait çà et là des places du plus beau bleu. Les montagnards attribuaient ce phénomène, les uns à des sources qui ne gelaient jamais, les autres à des cavités profondes, le plus grand nombre à la présence de génies mystérieux qui y avaient établi leur retraite, et les légendes ne manquaient point à ce sujet.

VII.

Le Mont-Blanc.

Mais nous nous écartons trop, ce me semble, du Mont-Blanc. Si vous le voulez bien, madame, revenons choisir à sa base une charmante retraite au milieu des buissons de genévriers et de genêts, et à l'abri de quelques arbres bien touffus, oasis charmantes, qui abondent dans les vallées savoisiennes, écoutons, en les suivant de l'œil et de la pensée, quelques-uns des explorateurs du géant des Alpes.

La montagne s'élève sur la rive gauche de l'Arve, au midi de Chamouni, d'où l'œil peut la mesurer depuis la base, que l'on touche en quelque sorte, jusqu'au sommet élevé à plus de 3,900 mètres au-dessus, ce dont l'esprit peut à peine se rendre compte par la simple vue. Et en cela le Mont-Blanc surpasse le Chimboraço des Andes, qui ne domine la plaine de Quito que de 3,200 mètres. Si sa hauteur absolue est beaucoup plus grande, sa valeur relative est donc néanmoins beaucoup moindre.

La vue, si trompeuse lorsqu'il s'agit d'estimer les hauteurs, ne nous égare pas moins dans le jugement qu'à certaines distances nous portons sur les formes extérieures ; c'est ainsi, par exemple, que, vu de sa base, le Mont-Blanc avec les neiges unies qui revêtent ses flancs, dont le plan également incliné semble offrir partout une surface parfaitement unie, on se refuse à croire que des difficultés sérieuses puissent arrêter les pas qui le veulent gravir. On serait tenté de penser qu'en se plaçant au sommet et en se laissant doucement glisser, on arriverait tout droit à la vallée, et cependant que de fois on serait englouti dans des abîmes profonds ou brisé par des pointes aiguës !

Des précipices horribles, des crevasses effrayantes déchirent en réalité et en cent endroits cette masse prodigieuse de neiges et de glaces accumulées. Les éboulements qu'il faut craindre, le péril de glisser sur ces sentiers étroits, expose sans cesse l'explorateur à une mort horrible, au fond de gouffres insondables ; et cependant chaque année voit des tentatives d'ascension.

« Après le désir d'observation et l'amour de la science qui guide quelques explorateurs, il n'y a guère qu'une curiosité passionnée ou un im-

mense besoin de se singulariser qui puisse porter à un semblable voyage ; car on n'y trouve, disent tous ceux qui l'ont entrepris, aucun genre
de plaisir. L'âme est trop continuellement agitée,
l'organisme est trop sensiblement affecté à mesure que l'on s'élève pour que l'on puisse res-
sentir d'autre satisfaction que celle d'avoir fait
ce que l'on n'était pas en droit d'espérer de
l'impuissance de l'homme. »   •

.   .   .   .

.   .   .   .

.   .   .   .

Le docteur Paccard et Jacques Balmat sont
les premiers qui soient parvenus au sommet du
Mont-Blanc.

L'ascension commença le 7 août 1786 ; ils
furent de retour à Chamouni le 9 à huit heures
du matin, ayant l'un et l'autre les traits abattus,
le visage enflé et les yeux malades.

L'année suivante, M. de Saussure, ne se laissant point rebuter par les fâcheux résultats de
ses devanciers, entreprit et mena à bonne fin
la plus célèbre de toutes les ascensions.

Il quitta Chamouni à sept heures du matin,
le 1er août 1787, accompagné de son domestique et d'une véritable caravane composée de
dix-huit guides, porteurs d'instruments de phy-

sique, d'une tente, d'un lit, d'échelles de cordes, de longues perches, de vivres, de paille, etc. La petite expédition, — et vraiment un voyage de découverte dans la mer des Indes mérite peut-être moins ce titre et offre 'à coup sûr moins de difficultés, sinon de dangers, — la petite expédition, dis-je, arriva à deux heures à la montagne de la côte où elle passa la nuit. Le lendemain, elle traversa d'abord le glacier de la côte, dont les nombreuses et énormes crevasses offraient de grandes difficultés, et ensuite les neiges qui s'étendent jusqu'au dôme du Goûté.

Les rocs cependant devenaient de plus en plus escarpés et les glaciers plus profondément labourés de larges fentes. Nos voyageurs ne se découragèrent pas, et grâce aux précautions prises, ils purent surmonter tous les obstacles.

A quatre heures, ils s'arrêtaient à quatre mille mètres au-dessus du niveau de la mer et y dressaient leur tente. Pour la première fois depuis qu'elles étaient sorties des mains du Créateur, ces solitudes inaccessibles recueillaient le son des voix humaines. L'homme venait enfin de dompter la nature en ce qu'elle a de plus inaccessible à sa puissance. On alluma du

feu, on ouvrit le panier aux vivres et on fit honneur aux simples mets des Alpes ; puis cédant
à la fatigue, nos hardis explorateurs s'endor-
mirent d'un sommeil aussi paisible qu'ils l'eussent pu faire au milieu de la région habi-
table qu'ils avaient laissée si loin au-dessous
d eux.

Le lendemain les voyageurs reprenaient leur
route au lever du soleil, et quelle route ! La
pente était si rapide et la neige si fortement
durcie que ceux qui marchaient en avant étaient
obligés de se servir de la hache pour y tailler
des espèces de marches.

A huit heures, tout Chamouni vit la caravane
avancer vers les dernières hauteurs ; lorsqu'elle
eut atteint le sommet, vers onze heures, on fit
sonner à toutes les cloches du village un carillon joyeux qu'accompagnaient dans les airs
les acclamations de la foule. Mme de Saussure,
mêlée aux braves habitants de la vallée, suivait
avec une émotion non moins vive, bien que
plus contenue, la marche de son mari, dont un
télescope lui permettait de distinguer tous les
mouvements.

Elle le vit avec effroi employer deux heures
à gravir la dernière rampe qui ne lui semblait
cependant et qui n'est en réalité ni longue ni

escarpée ; elle le voyait,— et chaque fois le sang
lui affluait au cœur ; — elle le voyait, lui et ses
compagnons, s'arrêter tous les dix ou douze
pas, comme suffoqués et prêts à rouler dans l'a-
bîme. C'était l'excessive rareté de l'air qui
épuisait si promptement leurs forces et néces-
sitait si souvent quelques secondes de repos
pour reprendre haleine.

M. de Saussure fit dresser sa tente au sommet
de la montagne, à ce sommet qu'il venait en
quelque sorte de conquérir à la science, et il y
passa cinq heures.

La couleur du ciel était d'un bleu très-foncé,
et, à l'ombre, on voyait les étoiles. A midi le
thermomètre exposé *au soleil* marquait 2° 3/10es
au-dessous de zéro, tandis qu'à Genève il était
à 22 degrés au-dessus. Le baromètre, qui, à
Genève, marquait 27 pouces une ligne, était des-
cendu à 16 pouces et une ligne et indiquait
ainsi une hauteur au-dessus de l'Océan d'à
peu près 2,400 toises ou environ 4,900 mètres ;
mais depuis les ingénieurs français, italiens et
autrichiens l'ont jugée de 20 mètres trop
basse.

A trois heures, toute la caravane descendit
quatre cents mètres au-dessous du sommet et y
passa la nuit. Le 5 août, elle arrivait heureuse-

ment à Chamouni et son retour était salué avec les plus franches félicitations.

Cette ascension eut un tel retentissement, non-seulement dans le monde savant, mais dans toutes les classes intelligentes de la société que, pendant les années 1791 et 1792, on n'estima pas à moins de mille à douze cents les curieux qui y vinrent annuellement admirer le Mont-Blanc.

Les habitants de Chamouni, en s'associant avec tant de franchise et d'enthousiasme à l'entreprise aventureuse du célèbre naturaliste, lui avaient ainsi payé par avance une dette de reconnaissance. C'est en effet à lui bien plus encore qu'à ses premiers explorateurs, les Anglais, qu'ils durent cette affluence d'étrangers qui fut dès lors pour eux, comme elle l'est encore, une source d'aisance, de richesses même, eu égard à la simplicité de leurs mœurs et au nombre si restreint de leurs besoins et de leurs désirs.

Les ascensions sont devenues du reste moins difficiles et moins hasardeuses. Peu d'années se

(1) Pour plus amples détails, lire la relation de cette ascension dans l'ouvrage même de M. de Saussure, dont nous n'avons donné, bien entendu, qu'une courte analyse.

passent sans qu'il s'en accomplisse quelqu'une,
exécutée presque toujours par des Anglais ; des
femmes n'ont pas craint d'en aborder et d'en
parcourir les périlleux sentiers.

L'horizon que l'on embrasse du sommet a
soixante lieues de rayon ; quelques explorateurs prétendent y avoir vu la Méditerranée.
Est-ce réalité ou mirage? Toujours est-il que
les vapeurs de l'atmosphère répandues non-seulement autour, mais fort au-dessous de l'ob-
servateur, ne doivent permettre que bien rarement de distinguer à une semblable distance.

Mais ce qui est certain, c'est que la possession
de ce géant alpestre est pour la France d'une
immense valeur au point de vue des curiosités
et des beautés naturelles : curiosités et beautés,
devons-nous ajouter, si nombreuses et si remarquables dans la province dont l'annexion vient
de nous enrichir.

En ce qui touche le Mont-Blanc entre autres,
toutes ses beautés nous sont intégralement
acquises, car à l'exception d'un seul, dirigé sur
l'Italie, tous les glaciers de la croupe du Mont-
Blanc, tous les pics et les aiguilles sans nombre
qui l'entourent comme une cour brillante de
courtisans parés de l'éclatante blancheur des
neiges éternelles, tous, dis-je, ont envahi les

pentes tournées vers Chamouni pour former
dans sa pittoresque vallée les éblouissantes
merveilles qui en font le charme et le mérite.

VIII.

La vallée de Chamouni.

Notre ascension est achevée, grâce à Dieu, sans
fatigue et sans danger. Nous avons repris notre
route, ne devrais-je pas dire plutôt notre sentier, sur la rive gauche de l'Arve, et bien qu'arrêtés à chaque pas par quelque nouvelle merveille à admirer, nous avons gagné Servoz où
commence à peu près la vallée de Chamouni.

Servoz, qui, sous l'administration française,
tirait un riche parti de ses mines de plomb ar-
gentifères, dénuée depuis des moyens de poursuivre cette exploitation, est aujourd'hui dans
un douloureux état de pénurie et de misère.
Les travaux y sont depuis longtemps abandonnés ; les usines si prospères autrefois tombent
en ruines ; la population découragée y a un as-

pect de souffrances que l'on ne voit nulle autre part peut-être dans ces contrées industrieuses et vaillantes, où la richesse, telle que nous l'entendons, n'est nulle part; mais qui, en revanche, ne connaissent pas la pauvreté dégradante des régions que l'on dit être néanmoins plus civilisées.

Un peu au delà de Servoz, vous disais-je tout à l'heure, commence la célèbre vallée de Chamouni. Inconnue autrefois à l'Europe, cette vallée magnifique n'avait pour tous admirateurs que les pâtres qui l'habitaient. Aujourd'hui elle est le rendez-vous privilégié des touristes du monde entier.

Cette découverte, faite en pleine Europe et si tardivement, d'un des sites les plus remarquables du vaste monde, ne remonte pas au delà de 1741; et que de peines cependant les voyageurs avaient prises jusqu'alors pour chercher, souvent sans le pouvoir trouver, ce qu'ils laissaient si près d'eux!

Ajouterai-je, madame, combien de merveilles du même genre, qui seraient si admirées si elles étaient connues, se rencontrent à chaque pas dans les départements montagneux du midi de la France, dans la Lozère et l'Aveyron, par exemple, sur les rives du Tarn, dans les

Cévennes?... Mais je m'éloigne par trop de mon sujet.

Me voici de retour à Servoz, prête à m'engager avec vous dans cette vallée de Chamouni, que deux Anglais, dont l'un était le célèbre voyageur Pocoke, signalèrent pour la première fois à la curiosité de leurs compatriotes en 1741. Dès lors les Anglais prirent sous leur patronage, si l'on peut ainsi parler, la paisible vallée savoisienne, et la mirent en grande vogue.

Les âmes aimantes, les cœurs fidèles et chrétiens joignent à l'attrait naturel qu'offrent ces lieux, un sentiment plus élevé qui transforme presque en un pieux pèlerinage cette excursion souhaitée et entreprise d'abord dans un but de curiosité. Ils suivent alors religieusement et pas à pas les sentiers abruptes, non plus seulement comme Pocoke et les explorateurs enthousiastes qu'il y a précédés; mais ils se plaisent à y chercher les traces d'un illustre saint. .

... Écoutons notre guide et bénissons cette mémoire du cœur si fidèle, si tenace, chez nos braves montagnards... C'était, nous dit-il, avant, bien avant que les étrangers vinssent admirer nos montagnes ! Un hiver la saison fut plus rigoureuse que de souvenir d'homme on se rap-

pelât l'avoir vue à Chamouni. L'accumulation
des neiges, leurs fontes tardives et par suite trop
promptes, déterminèrent des avalanches terribles. Des roches énormes, ébranlées par le choc,
se détachèrent de plusieurs endroits des montagnes, détruisant à leur contact, chaumières,
cultures et jusqu'aux hommes qui n'avaient pas
fui assez vite... Le désastre fut horrible, le désespoir et la misère qui en résultèrent furent incal-
culables ! Et qui ira consoler et encourager ces
pauvres populations ruinées, isolées les unes
des autres par les abîmes nouveaux qu'a creusés l'ouragan ? Qui gravira ces pentes si difficiles jusqu'à présent et maintenant inabordables, où vivait hier heureux et content l'agile
chasseur, et où gémit aujourd'hui une famille
d'orphelins ?.. Qui ? La charité chrétienne, la
divine Providence sous la forme d'un saint !

Est-il besoin de nommer saint François de
Sales, le doux apôtre, dont le nom est encore,
sera toujours si cher et si justement populaire en
Savoie ? Quel autre aurait affronté les périls,
tenté l'impossibilité de cette mission de dévouement et d'amour ?

Ce qu'aurait à peine osé le plus agile, le
plus hardi chasseur, le vertueux prélat le fit
avec cette spontanéité, cette simplicité qui mar-

quait toutes ses actions. Il fut ainsi le premier explorateur de la vallée de Chamouni. Et depuis le jour béni où les malheureuses victimes de la fureur des éléments le virent arriver sur les terres encore chancelantes, où ils pleuraient sur des ruines qu'ils croyaient irréparables et reçurent de ses mains le secours qui éloigne la misère, et de ses lèvres le secours qui éloigne le désespoir : le pain du corps et celui de la parole de vie; — depuis ce jour béni sa grande et sainte image plane sur la contrée tout entière.

Pour quiconque n'a point encore parcouru les Alpes, le premier aspect de la vallée de Chamouni a quelque chose de saisissant. Cette longue vallée, ou plutôt cette gorge étroite, profondément encaissée entre deux rangées de hautes montagnes, semble à l'imagination devoir conduire à quelque retraite mystérieuse et surnaturelle. On a peine à se figurer que ce défilé ait été formé par la nature dans un autre but que celui de servir d'avenue imposante à quelqu'un de ses grands mystères.

Certes, la mythologie grecque, si elle l'eût connu, en eût fait le sujet d'un de ses mythes les plus poétiques.

Mais poursuivons. A gauche le mont Brévent;

à droite les rameaux du Mont-Blanc, qui forment
une suite d'élégants obélisques, lancés dans les
airs comme les flèches nombreuses d'un gigan-
tesque édifice gothique ; ici l'Arve qui serpente
en roulant avec fracas ses eaux écumeuses sur
un lit rempli de débris des montagnes ; là, ces
trois énormes amas de glaces appelés le *glacier
des Bossons*, le *glacier du Bois* et le *glacier de
l'Argentière*, commençant dans la région des
neiges perpétuelles, et descendant jusqu'au
fond de la vallée, où ils reposent leur base de
cristal au milieu de l'éblouissante verdure des
prairies : certes, peu de spectacles pourraient
être aussi imposants que ces masses de glaces
qui semblent avoir quitté les mers polaires pour
venir se fixer et vivre éternellement au milieu
des régions habitables des Alpes.

Le *glacier du Bois* forme, près du sommet de
Montavert, à huit cent quarante mètres au-dessus de nos têtes, ce que l'on nomme ici la *mer
de Glaces*, longue de huit kilomètres sur deux
environ de large. Cette vaste nappe de glace aux
scintillements de diamants n'est pas néanmoins
la curiosité la plus remarquable du glacier du
Bois ; ce qui frappe davantage, ce que l'on ad-
mire surtout, c'est, vers le milieu de la vallée,
une caverne naturelle de trente à trente-cinq

9.

mètres de diamètre et de vingt mètres d'éléva-
tion, creusée vers sa base et de laquelle se précipite en mugissant l'Aveyron. N'est-il pas permis à l'imagination d'évoquer ici la nymphe des
torrents, ou plutôt, le palais de cristal, où, entourée des génies qui obéissent à ses ordres, elle
règne en paix, cachée à tout regard humain ?

Tels sont, madame, les principaux tableaux
qui arrêtent le regard et captivent l'attention
aussi longtemps que dure l'exploration de la
vallée, et qui ont si vivement frappé l'esprit qu'il
doit être facile à toute heure, et après même de
longues années de les faire revivre par la pensée dans toute leur magnificence.

Ne fût-ce que la vallée de Chamouni ou le
Mont-Blanc, la Savoie serait pour la France
une inappréciable possession. Et que d'autres
motifs plus puissants cependant nous la rendent chère et précieuse !...

Mais n'est-il pas temps de détourner enfin
notre attention des beautés que Dieu lui a faites
pour nous occuper de celles que l'homme y a
ajoutées ; je veux parler des villes avec leurs
établissements publics, auxquelles la France
n'aura à donner que son organisation adminis-
trative et judiciaire, mais où elle trouvera en
pleine activité l'intelligence et l'industrie.

IX.

Chambéry.

Chambéry est agréablement située sur la Leisse et l'Albane, entre deux montagnes très-pittoresques d'aspect, et au bord d'une plaine fertile et admirablement cultivée. Dix lieues à peine la séparent de Grenoble et dix-sept de Genève. Un archevêché y a été érigé en 1817, et, en sa qualité de capitale de province, elle possédait un sénat royal et une cour de justice suprême dont la juridiction s'étendait à toute la Savoie. Sous le gouvernement français, elle conserve son église métropolitaine et devient chef-lieu d'un des trois de ses nouveaux départements.

La ville est encore plus agréable par sa position qu'intéressante par ses édifices ; cependant, dit un écrivain célèbre, elle n'est pas dépourvue de belles constructions.

Quelques-unes de ses rues sont larges et bien alignées, notamment celle à arcades qu'a fait bâtir le général Boignes qui amassa dans l'Inde une immense fortune. Bon patriote, comme tous les Savoisiens, il revint au foyer paternel et voulut faire jouir de son bonheur sa ville natale. C'est à sa généreuse bienfaisance que Chambéry doit le bel hospice de Saint-Benoît.

Heureux l'homme à qui la fortune ne fait ainsi oublier ni la patrie ni les souffrances de l'humanité ! Aucune autre gloire, ce me semble, ne devait être plus chère aux peuples ; aucun souvenir ne mérite mieux d'être conservé et exalté par eux !

La cathédrale de Chambéry est un remarquable édifice du XIIIᵉ siècle où se sont parfaitement conservées de précieuses fresques de cette époque. Ses jolies places, décorées de fontaines et de belles promenades, coupent l'uniformité un peu monotone des rues nouvelles et égaient l'aspect des vieilles rues, étroites, tortueuses et tristes, quoique assez bien bâties.

Parmi les promenades, nous citerons celle de Vevay, formée de six rangées de beaux arbres, et que les voyageurs les plus exigeants, les plus difficiles s'accordent à trouver fort jolie.

Un commerce actif, des manufactures et des fabriques florissantes placent cette ville au-des-

sus du rang que semblerait lui assigner le chiffre
de sa population, et témoignent en faveur de
l'intelligence, de l'activité industrieuse des Savoisiens. Peu de villes d'égale importance,— elle
compte à peine treize mille âmes, — pourraient
rivaliser avec elle.

Les environs sont ravissants de fraîcheur
et de fertilité naturelle, et le travail de l'homme
n'a rien épargné pour y ajouter par une
culture intelligente. La campagne est toute
parsemée de magnifiques mûriers, qui disent
tout à la fois la douceur du climat et la richesse
qu'en savent tirer les habitants par l'éducation
en grand des vers à soie.

Toutes ces cultures sont admirablement disposées, et rien n'est joli comme les cottages
qui s'y abritent derrière des massifs du plus
beau vert, au bord d'ondes toujours pures, toujours murmurantes. Parmi ces sites enchanteurs, il en est un qui a acquis et conservé une
grande célébrité : je veux parler de la poétique
retraite de madame de Warrens, de ces *Char-
mettes* si bien décrites par Jean-Jacques Rous-
seau.

Chambéry était autrefois ceinte de murailles et
de fossés et fermée par quatre portes, dont trois
conduisaient à d'importants faubourgs. Une for-

teresse, bâtie sur une colline voisine, la domine
encore et contient une belle et remarquable
église.

Ce n'est point cependant une ancienne ville :
sa fondation ne date que du xᵉ siècle. Possédée
d'abord par des seigneurs particuliers, elle fut
cédée en 1280 à Thomas Iᵉʳ, comte de Savoie,
qui fit construire le château dont je viens de
parler et où résidèrent les princes de Savoie
jusqu'au moment où ils transférèrent le siége de
leur gouvernement à Turin.

Incendié à deux reprises, en 1745 et 1798, ce
château fut restauré en 1803. C'est là que Victor-Amédée s'était retiré en 1750, après son ab-
dication. Quelques années auparavant, en 1742,
les Français et les Espagnols s'en étaient emparés en même temps que de la ville, et ne les
avaient rendus qu'après une occupation de six
ans.

Enfin, pour compléter cette courte esquisse
par un dernier trait de l'histoire contemporaine,
le 24 septembre 1790, Chambéry ouvrit ses
portes aux Français qui en firent le chef-lieu
d'un des nouveaux et nombreux départements
ajoutés alors à la France et le conservèrent jusqu'au second traité de Paris, le 9 novembre 1815.

Est-il permis de se demander, malgré les malheureux excès du gouvernement républicain et les agitations amenées par les guerres de l'empire, si la Savoie n'apprécia point les institutions françaises, les avantages surtout de ses codes si célèbres par leur clarté?... Les faits qui viennent de s'accomplir répondent éloquemment à cette question.

X.

Aix et Annecy.

A trois lieues au nord de Chambéry, au fond d'un entonnoir formé par de hautes et majestueuses montagnes, l'œil s'arrête étonné sur une ville dont l'unique pensée, en venant s'y abriter, a dû être, semble-t-il, de dérober son existence à tout regard humain.

C'est une ville d'eaux célèbres : Aix-les-Bains. Voici sa position tout expliquée par un seul mot. Ce n'est point la ville qui a choisi cet étrange abri, c'est la vertu toute-puissante de

la source que Dieu y avait placée qui l'y a
attirée.

Les vertus curatives des eaux qui nous occupent ici étaient connues, estimées des Romains.
Ce sont eux qui ont fondé Aix, et ils y avaient
en même temps établi des thermes fort considérables, dont les ruines méritent l'attention
des touristes.

Un peu au-dessus des thermes d'autres ruines
sont l'objet des disputes et des suppositions in-
terminables des archéologues, qui leur assi-
gnent diverses origines. L'opinion la plus répandue est que ce sont les restes d'un temple
érigé en l'honneur de Diane.

Que nous importe la divinité qui fut spéciale-
ment honorée dans ces lieux? Aucune trace de
son culte n'est, grâce à Dieu, restée dans les
traditions populaires, et la foi, à Aix, comme
partout ailleurs en Savoie, est simple, ferme et
heureusement dénuée de ces vieilles supersti-
tions si fortement enracinées dans certains
autres pays montagneux, que tous les efforts de
la religion n'ont pu les effacer entièrement des
traditions populaires.

Je crois vous l'avoir dit déjà ; mais le sujet
me porte à vous le répéter ici : *Savoyards*
et *Savoisiens* sont bons catholiques, fidèles,

dévoués à l'Église et à ses enseignements.

En quittant Aix dans la direction du sud-ouest, on entre dans la route des Échelles, un des travaux d'art les plus remarquables de notre époque. Commencée sous la domination française et achevée par les soins du gouvernement sarde, cette route porte le nom de la vallée et du bourg des Échelles qu'elle traverse. — Disons de suite et en passant que, grâce à l'importance qu'il en a reçue, ce bourg a pris le titre de ville et le mérite à tous égards.

Ce n'est qu'en se rendant maîtres d'obstacles gigantesques qu'on est parvenu à tracer cette belle et large voie. Pour vous en donner une preuve, il me suffira, madame, de vous dire qu'il a fallu scier, sur une largeur d'environ six mille mètres, des rochers d'une hauteur excessive. Ce magnifique travail, commencé sous l'administration française, a été continué et achevé par l'administration sarde.

Nous remontons le cours de l'Isère; nous voici à *Conflans*, petite ville que sa fonderie royale et son école des mines n'ont pu sauver de la décadence dont l'a frappée le tracé de la nouvelle route tarentaise qui, au lieu de la traverser comme l'ancienne, tourne le rocher sur lequel elle est bâtie à la grande gloire et richesse de la petite ville de l'Hôpital qui n'était auparavant qu'un humble village. Ainsi vont les choses en ce monde : il est bien peu d'avantages qui se puissent obtenir sans porter préjudice à autrui !

Un souvenir à *Moutiers*, à sa savante école des mines, à sa magnifique collection minéralogique, et un hommage à son ancienneté : ancienneté prouvée par des antiquités nombreuses et remarquables, et par les recherches des archéologues et des historiens qui citent je ne sais combien de noms qu'elle a successivement portés.

La province de Maurienne est formée par le bassin de la rivière d'Arve, affluent de l'Isère. Sa capitale est *Saint-Jean de Maurienne,* siége d'un évêché. Saint-Jean est connue dans notre histoire par la mort de Charles le Chauve qui y fut empoisonné.

Si nous longeons la rivière, nous arriverons, après une charmante excursion, au grand village de *Lons-le-Bourg.* A quelques pas une forteresse semble nous interdire de passer outre : c'est le fort de *Bramans* qui, sur ce point, garde et défend l'entrée de l'Italie...

. . . . . J'avais posé la plume, et voici que je m'aperçois d'une omission que je dois, que je veux réparer.

Pressée de vous faire les honneurs de Chambéry, j'ai omis, en quittant la vallée de Chamouni, d'aller faire une halte à la plus jolie et, certes, à une des plus intéressantes villes de la Savoie : j'ai nommé Annecy. Située à quatorze lieues ouest de Chamouni, Annecy est placée dans un site ravissant. Elle se mire coquettement dans le joli lac au bord duquel elle est agréablement posée au milieu de la plus splendide verdure. Une population très-active, très-intelligente, très-polie surtout, lui communique un mouvement, une élégance, fort rares dans une ville de six mille âmes.

Pourrions-nous passer ici, ne fût-ce que quelques minutes, sans entreprendre un pieux pèlerinage aux reliques de saint François de Sales conservées dans la cathédrale? D'autres souvenirs du grand évêque nous attendent encore : le couvent de la Visitation et sa belle église.

Une dernière visite. Il s'agit d'un plus antique souvenir : le vieux château qui appartenait aux anciens comtes de Genève, et au sujet duquel la tradition locale a conservé une foule de souvenirs et de légendes...

Mais notre voyage touche à sa fin. Après vous avoir fait explorer avec moi les Alpes maritimes, j'ai voulu vous faire visiter aussi la Savoie..... Ma tâche est achevée. Puisse, madame, ce petit ouvrage répondre à votre attente : vous faire connaître et apprécier de beaux sites, de bonnes et fidèles populations!

TABLE

www.ingramcontent.com/pod-product-compliance
Lightning Source LLC
Chambersburg PA
CBHW052103090426

42739CB00010B/2292